循序渐进学习商业分析：
使用 SAS 与 R 语言

[印] 苏巴西尼·夏玛·特里帕蒂　著

吴　骅　译

清华大学出版社

北　京

内 容 简 介

本书详细阐述了与 SAS 和 R 语言商业分析相关的解决方案，主要内容包括了解 SAS 和 R、使用 SAS 和 R 进行数据处理、使用 SAS 和 R 发现有关数据的基本信息、可视化、概率、样本和抽样分布、分析的置信区间和正确性等。此外，本书还提供了丰富的示例及代码，以帮助读者进一步理解相关方案的实现过程。

本书适合作为高等院校计算机及相关专业的教材和教学参考书，也可作为相关开发人员的自学教材和参考手册。

Learn Business Analytics in Six Steps Using SAS and R 1st Edition/by Subhashini Sharma Tripathi /ISBN: 978-1-4842-1002-4

Copyright © 2016 by Apress.

Original English language edition published by Apress Media.Copyright ©2016 by Apress Media.

Simplified Chinese-Language edition copyright © 2021 by Tsinghua University Press.All rights reserved.

本书中文简体字版由 Apress 出版公司授权清华大学出版社。未经出版者书面许可，不得以任何方式复制或抄袭本书内容。

北京市版权局著作权合同登记号 图字：01-2017-5753

图书在版编目（CIP）数据

循序渐进学习商业分析：使用 SAS 与 R 语言 /（印）苏巴西尼·夏玛·特里帕蒂著；吴骅译. —北京：清华大学出版社，2021.2

书名原文：Learn Business Analytics in SixSteps Using SAS and R

ISBN 978-7-302-57080-6

Ⅰ．①循… Ⅱ．①苏… ②吴… Ⅲ．①统计分析—应用软件 ②程序语言—程序设计 Ⅳ．①C819 ②TP312

中国版本图书馆 CIP 数据核字（2020）第 251181 号

责任编辑：贾小红
封面设计：刘 超
版式设计：文森时代
责任校对：马军令
责任印制：沈 露

出版发行：清华大学出版社
　　　　　网　　址：http://www.tup.com.cn，http://www.wqbook.com
　　　　　地　　址：北京清华大学学研大厦 A 座　　　邮　编：100084
　　　　　社 总 机：010-62770175　　　　　　　　邮　购：010-62786544
　　　　　投稿与读者服务：010-62776969，c-service@tup.tsinghua.edu.cn
　　　　　质量反馈：010-62772015，zhiliang@tup.tsinghua.edu.cn
印 装 者：三河市中晟雅豪印务有限公司
经　　销：全国新华书店
开　　本：185mm×230mm　　　印　张：16.5　　　字　数：327 千字
版　　次：2021 年 2 月第 1 版　　　　　　印　次：2021 年 2 月第 1 次印刷
定　　价：89.00 元

产品编号：074950-01

译 者 序

在冷兵器时代，发生战争时，计谋非常重要，拥有一名智谋过人的统帅或军师，对于战争的胜利至关重要。最著名的例子莫过于诸葛亮，他凭着对天下大势的准确分析，指引穷途末路的刘备走出困境，一举奠定了日后"三分天下"的局面。在现代企业经营的语境中，出谋划策被称为出点子或搞创意，或者按更新颖的说法，叫作"开脑洞"。

当然，脑洞并不是那么容易开的，多数创意只是脑子一热的产物，往往容易因思虑不周或不合时宜而草草收场。在这方面，数据分析师们具有独特的优势，因为他们可以借助计算机的超强算力，通过大数据分析而得出结论，这个结论有一个专有名词——见解（Insight，也称为洞见）。见解是由分析师通过计算机生成的真正的脑洞（因为它是单纯靠人类的"头脑风暴"无法想到的，也不太会受到人类思维偏见和局限的影响），它的背后则是 AI（人工智能）算法的强力支撑。因此，见解往往能够为企业经营决策提供科学、新颖和实用的指导，这也是数据分析师越来越受到重视的原因。

数据分析师需要定义问题、收集和整理数据、进行算法建模和数据挖掘、提出见解，但是这一切的基础仍然是描述性统计、单变量统计、多变量统计和假设检验等底层技术。本书以 SAS 和 R 这两大业界最流行的软件为基础，介绍了数据分析师（或数据科学家）需要了解和熟练掌握的 DCOVA&I 框架，并通过使用 SAS 和 R 的 7 个案例研究强化了读者对该分析过程的理解。此外，本书还阐释了描述性统计、频率分布、差异分析、方差、概率、贝叶斯定理、中心极限定理、大数定律、参数检验和非参数检验、置信区间和 P 值等概念，并介绍了数据可视化和见解生成推论等，以帮助数据分析师正确解释 SAS 和 R 生成的结果。

在本书翻译的过程中，为了更好地帮助读者理解和学习，本书以中英文对照的形式保留了大量的术语，这样不但方便读者理解书中的代码，而且有助于读者通过网络查找和利用相关资源。

本书由吴骅翻译，陈凯、郝艳杰、马宏华、唐盛、黄刚、黄永强、黄进青、熊爱华等也参与部分翻译工作。由于译者水平有限，错漏之处在所难免，在此诚挚欢迎读者提出任何意见和建议。

前　　言

在过去的 10 年中，分析和数据科学作为业务决策的支持功能而走在技术发展的前沿，业务分析师还是鲜为人知的职业选择。随着数据存储成本的急剧下降和数据量的蓬勃增长，首席经验官（Chief eXperience Officer，CXO）和现代经理人都迫切需要掌握分析和数据科学，以便在企业经营的每个点上做出明智的决策。

如何开始分析和数据科学职业生涯？

本书将告诉你如何通过定义、收集、组织、可视化、分析和见解（DCOVA&I）过程执行数据分析并解决问题。这是一个非常完整而严密的过程，因此，即使数据非常新颖或你对问题不太熟悉，也可以通过使用逐步检查表进行推论来解决问题。最后，为了实现分析输出，需要以简单的业务术语来理解结论或见解。

本书将介绍如何使用两种流行的软件工具 SAS 和 R 对业务数据进行分析，SAS 是收费软件，它是受监管部门（如银行、临床研究、保险等）数据分析领域的领导者。R 是开源软件，它在没有监管机构的行业中很流行，如零售、技术（包括 ITES）、商务流程外包（Business Process Outsourcing，BPO）等。因此，无论你从事哪个行业，本书都将为你提供更快地做出更好决策所需的知识和技能。

在阅读本书时，不需要在两个最受欢迎的软件工具之间做出选择，因为我们为这两个软件提供了一致的研究案例。

企业如何在合理时间内将自己的数据转换为有用的信息？

这个问题对于成功开展业务至关重要。仅当信息在正确的时间可供管理层使用时，企业才能做出正确的决定。为此，需要进行业务分析（简单地说，就是对大量数据进行统计），以得出有助于业务决策的结论和模型。

统计技术可分为描述统计、推断统计、差异统计、关联统计和预测统计 5 个主要类型。本书将着重于 DCOVA&I 过程在 SAS 和 R 中的应用，并介绍如何解释与描述性、差异性和关联性统计技术有关的统计信息。

内容介绍

本书共分为 9 章，内容如下：

第 1 章 "分析的过程"，介绍数据分析的定义、简单的分析示例、数据分析师的日常工作、从事该项工作应具备的一些特质以及分析和统计的历史等。

第 2 章 "了解 SAS 和 R"，详细说明了本书选择 SAS 和 R 作为分析平台的原因，并介绍这两款软件的安装方式。

第 3 章 "使用 SAS 和 R 进行数据处理"，提出 DCOVA&I 框架，并阐释定义阶段的重要意义、常见业务问题的基本理解、从 ERP 到业务分析 SaaS 的数据流、数据完整性检查等。

第 4 章 "使用 SAS 和 R 发现有关数据的基本信息"，介绍描述性统计的意义，并阐释集中趋势的度量、散布的度量、频率分布、差异分析和方差等概念。

第 5 章 "可视化"，介绍数据可视化技术，包括可视化的定义、进行可视化的理由、常见图表类型和相关案例研究等。

第 6 章 "概率"，解释独立事件的概率和条件事件的概率、贝叶斯定理、计算概率的频率，并提供相应的 SAS 和 R 案例研究。

第 7 章 "样本和抽样分布"，详细介绍抽样方法、抽样分布类型、中心极限定理、大数定律、参数检验和非参数检验等。

第 8 章 "分析的置信区间和正确性"，阐述置信区间和 P 值的概念，并讨论假设检验中的错误。

第 9 章 "结论和见解"，介绍描述统计、图表、推断统计、差异统计和见解生成之间的关系，了解这些有助于数据分析师解释 SAS 和 R 生成的结果。

本书约定

在本书中有许多区分不同类型信息的文本样式，以下是这些样式的一些示例以及对它们的含义的解释。

（1）在界面词汇后面使用括号附加对应的中文含义，方便读者对照查看。以下段落是一个示例：

```
要创建箱形图，可以选择 Tasks（任务）| Graph（图形）| Box Plot（箱形图）命令，如图 6-9 所示。
```

（2）代码块显示如下：

```
/* 删除 RESOLUTION TIME 中的 1 个观察值，因为它包含缺失值 */
```

```
DATA WORK.RESOLUTION;
SET  WORK.RESOLUTION;
WHERE RESOLUTION_TIME NE.; RUN;


PROC MEANS DATA= WORK.RESOLUTION;
VAR RESOLUTION_TIME; RUN;
```

（3）新术语和重要单词以中英文对照的形式表示，中文在前，如下所示：

当要查看连续变量（如时间、年龄、收入）出现的概率分布时，获得的将是一条连续曲线，因为这些变量可以具有许多值，包括小数值。连续变量的分布称为连续分布的概率密度（Continuous Distributions，Probability Densities）。当此概率密度曲线的形状像钟形时，称为正态分布（Normal Distribution）。自然发生的现象遵循正态分布。

关于作者

Subhashini Sharma Tripathi 是一位数据分析专家，在与 GE Money、渣打银行、Tata Motors Finance 和 Citi GDM 合作 10 年后，于 2012 年开始从事教学、撰写博客和提供咨询等工作。在工作期间，她坚信数据科学和分析技术有助于减少对个体经验的依赖。此外，她认为，这为现代经理人提供了一种决定性的方法，可以更快、更准确地解决许多现实问题。在这个不断发展的业务环境中，它还有助于定义长期战略并提供更好的选择。换句话说，借助大数据分析，企业管理者可以获得更有价值的经营指导。

Subhashini 是 pexitics.com 的创始人，她的第一个产品是 Pexitics Talent Score。该公司可提供有效的人力资源管理工具，并提供分析咨询服务。

作者致谢

这是我的第一本书，写作的经历像是一次激动人心但又坎坷不平的旅行。本书的写作过程也与 pexitics.com 的创建和发布紧密联系在一起。

没有家人和 Apress 编辑团队的大力支持和鼓励，尤其是 Celestin Suresh John 的帮助，本书的写作旅程就不可能抵达终点。衷心感谢我的母亲——M. Tripathi 博士给予我的从语言到行动的无微不至的支持和帮助。

Mark L. Berenson、David M. Levine 和 Timothy C. Krehbiel 所著的 *Basic Business*

Statistics(*12th Edition*)（《基础商业统计（第 12 版）》）对我的思考过程和本书的写作产生了重大影响。我在该书中学习了 DCOVA 流程。在处理该过程时，我添加了另一个阶段，称为见解生成（Insight Generation），现在我使用的就是 DCOVA&I 过程。

　　当我在 2002 年开始进行基于数字的决策时，缺乏结构化和系统性的指导，很多事情都是自我发现和自学的。我写这本书的目的是让从事分析和数据科学的有志之士能够以结构化的方式充满信心地解决实际业务问题，从而踏上成功之路。

目　　录

第 1 章　分析的过程

本章将研究分析的过程和演变。
本章将讨论以下主题：
- ❑　分析的过程
- ❑　分析的定义
- ❑　分析的演变
- ❑　商业智能的曙光

1.1　分析的定义

如果在 Internet 上随意搜索一下 Data Scientist（数据科学家），那么就会发现这样一个事实，即这方面的人才严重短缺。此外，*Harvard Business Review*（《哈佛商业评论》）还发表了一篇题为 "Data Scientist: The Sexiest Job of the 21st Century"（《数据科学家：21 世纪最有诱惑力的工作》）的文章，其网址如下：

http://hbr.org/2012/10/data-scientist-the-sexiest-job-of-the-21st-century/ar/1

那么问题来了，数据分析师（Data Analyst）实际上是做什么的？

简而言之，分析（Analytics）就是使用数字或业务数据来发现业务问题的解决方案。因此，数据分析师会仔细研究跨大型企业资源计划（Enterprise Resource Planning，ERP）系统、Internet 站点和移动应用程序收集的数据。

之前，当企业面临一些难以解决的问题时，可能会邀请一位经验丰富的专家来做咨询，然后根据这位专家的建议决定具体的解决方案，这和病人去拜访一位声名卓著的专业医生没什么区别。

但是，随着业务系统的复杂性不断提高，我们进入了一个不断变化的时代，人们发现很难处理这种前所未有的复杂系统的问题。人脑仅在变量很少的情况下才能有效应对，而对于日益复杂多变的应用场景，即使是业内最优秀的专家也难以仅凭自己的学识或经验形成中肯的建议。在这种情况下，人们开始使用计算机，当涉及新的形式和海量数据时，计算机相对更好并且没有偏见，数据科学家（数据分析师）也应运而生。

1.1.1　简单的分析示例

在明确了分析的定义后，你可能会问："使用数字"是什么意思？难道还需要再学习一次数学吗？

在过去的 10 年中，软件即服务（Software as a Service，SaaS）的出现使得各行各业的信息收集和操作均已崭露头角。因此，分析系统现在已经演变成一个"一键式启动"的系统，只要单击几下按钮即可执行计算并提供结果，而数据科学家（数据分析师）则必须查看这些结果并为业务的实施提出建议。

例如，某银行想在市场上放贷，它拥有过去 20 年中从银行获得贷款的所有客户的数据。假设该投资组合是一笔 100 万美元的贷款，银行希望利用现有的数据来了解应该向哪些客户提供预先批准的贷款优惠（Pre-Approved Loan Offer）。

最简单的答案可能是：所有按时偿还前期贷款的客户都应获得预先批准的贷款优惠。我们可以以将这组客户称为 A 组（Segment A）。但是，根据分析结果可能会发现：那些虽然拖欠债务，但在违约后还清了贷款的客户实际上为银行带来了更多的利润，因为他们为此支付了利息和滞纳金。可以将这组客户称为 B 组（Segment B）。

因此，现在分析师可以建议向 A 组+ B 组发送要约信。

但是，通过更仔细地分析发现，在 B 组中，可能必须派收款团队去一些客户的家中催收，即在这些客户支付的利息和滞纳金中还需要减去额外的催收费用。像这一类的客户可以单独划分为 C 组（Segment C）。

因此，分析师最后决定的应获得预先批准的贷款优惠的目标客户是：A 组+ B 组−C 组。

可以使用决策树（Decision Tree）技术来完成此练习。决策树技术可以将数据划分为多组或多个部分（见图 1-1）。

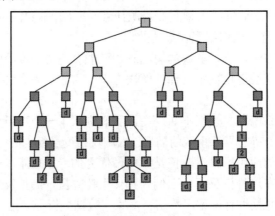

图 1-1　决策树

1.1.2 典型日常工作

另一个问题是：数据分析师的日常工作是什么样的？

这可能包含以下内容。

❑ 数据分析师走进办公室，被告知和业务相关的问题。

❑ 数据分析师确定解决问题的最佳方法。

❑ 数据分析师从服务器存储的大数据中收集相关数据。

❑ 数据分析师将数据导入分析软件中。

❑ 数据分析师通过软件（SAS、R、SPSS、XLSTAT 等）运行该技术。

❑ 软件产生相关的输出。

❑ 数据分析师研究输出结果并准备包含建议的报告。

❑ 该报告被提交到会议上进行讨论。

1.1.3 适合数据分析师职业的个人特质

那么，数据分析师这个职业适合你吗？或者说，想要成为一名合格的分析师，需要具有哪些方面的特质呢？

以下几点将帮助你做出决定。

❑ 你是否认为数据应成为所有决策的基础？仅当你对这个问题做出肯定回答时，才适合走进数据分析师这个行业。

分析是通过汇总、可视化/创建仪表板、检查重复趋势以及创建可做出决策的模型来使用和分析大量数据（数字、文本、图像等）的过程。只有发自内心相信数据功能的人才能在这一领域脱颖而出（这似乎有点"数据信仰"的味道）。

如果某些预测/分析出现了错误，那么作为一名优秀的数据分析师，你的态度应该是：这是由于该数据不适用于该项分析或使用的技术不正确而引起的。如果使用了更合适的数据和适当的技术，毫无疑问将会做出正确的决定。

❑ 你喜欢不断学习新知识吗？仅当你对这个问题做出肯定回答时，才适合从事数据分析工作。

数据分析是一个非常新的领域。当前关于互联网数据、社交网络信息、移动交易数据和近场通信设备的数据收集途径在不断增加，存储、处理和分析这些数据的技术也在不断变化。Hadoop、Google 更新等已变得越来越重要，云计算和数据管理现在也很普遍。

从宏观上来说，这甚至意味着经济周期也缩短了，基于早期经济周期进行数据分析的旧模型变得很难适用，新模型的建立变得更加频繁。

从工具上来说，即使是最不起眼的 Excel 也已经在 Excel 2010 中内置了带有统计功能的分析工具库加载项。

总之，这个领域的变化非常迅捷，你需要为改变做好准备。只有不断充电，才能跟上变化的步伐。

❑ 你是否喜欢解释输出结果，然后继续跟踪它们，以查看你的建议是否正确？仅当你对这个问题做出肯定回答时，才适合从事数据分析工作。

数据分析师将需要负责一个项目，建议的实施通常在相当长的一段时间内有效，也许是一年甚至三到五年。优秀的数据分析师应该对建议的准确性抱有兴趣，并且应该定期跟踪其表现。理想情况下，你还应该是第一个可以说出该分析不再有效并且需要重新进行分析的人。

❑ 你准备好了拿起教科书并重温数学和统计学吗？仅当你对这个问题做出肯定回答时，才适合从事数据分析工作。

为了准确地处理数据并解释结果，你也许需要重新掌握数学和统计学的相关概念。证明你在分析过程中为什么要选择某一路径而不是其他路径是非常重要的。商业用户不会盲目接受你的建议。

❑ 你喜欢辩论和逻辑思维吗？仅当你对这个问题做出肯定回答时，才适合从事数据分析工作。

由于无法解决所有问题，因此数据分析师必须选择以最佳方式来处理当前的项目/问题。数据分析师不仅必须知道分析数据的最佳方法，还必须在给定的时间限制和预算限制下给出最佳建议。

数据分析部门通常具有非常开放的文化和较为超然的地位，它仅要求从事项目/问题的分析师提供比较准确的见解和结论，而不考虑分析师在组织结构中的位置。

请检查你对先前问题的答案。如果你对这 5 个问题中的 3 个回答"是"，对另外两个回答"没问题"，那么数据分析师对你来说就是一个可行的职业选择。

欢迎来到数据分析师的世界！

1.2　分析的演变

分析源于统计。在《牛津词典》中，对统计（Statistics）一词的定义为：大量收集和分析数值数据的实践或科学，尤可用于从代表性样本中推断出整体比例。[①]

　　大多数人从幼儿时期即开始辨认数字、学习计数和简单算术。在正式入学之后，数学是最基础的学科，包括加法、减法、定理、规则等。至于统计学，则是我们开始使用数学概念处理现实数据时接触到的。

　　统计（Statistics）一词来自拉丁语 status，意大利语 statista 或德语 statistik，每种含义都表示政治状态。这个词在 1780—1790 年出现。

　　在古代，政府需要收集有关本国人口、财产和财富的信息，这使政府能够了解本国的人力资源，并成为实行税费的基础。由此可见，统计学是数学的实践部分。

　　随着工业革命的开始，在工业和商业中执行标准变得很重要。在工业革命中，需要高精度的机床和可互换零件。标准化是制定和实施技术标准的过程，它有助于最大限度地提高兼容性、互操作性、安全性、可重复性和质量。

　　事实上，是螺母和螺栓的制造与结合推进了产品工业化的过程。1800 年，英国发明家亨利·莫兹莱（Henry Maudslay）发明了第一台实用的螺纹切削车床（他也因此被称为"车床之父"），这实现了螺纹尺寸的标准化，并为螺母和螺栓互换性的实际应用铺平了道路。在此之前，螺纹通常是通过手动切屑和锉削制成的。

　　亨利·莫兹莱对他车间中使用的螺纹进行了标准化，并根据这些标准生产了螺母和螺栓组，以便任何尺寸合适的螺栓都可以与相同尺寸的螺母相匹配。

　　1841 年，约瑟夫·惠特沃斯（Joseph Whitworth）的螺纹尺寸被英国的公司采纳为第一个非官方的国家标准，并被称为英国标准惠特沃斯（惠氏螺纹）。

　　到 19 世纪末，公司之间的差异和标准使交易变得越来越困难。于是，1901 年，在伦敦成立了工程标准委员会（Engineering Standards Committee）。

　　19 世纪中后期，人们一直在努力使电气测量标准化。许多公司在 19 世纪 90 年代进入市场，所有公司都选择了自己的电压、频率、电流，甚至电路图中使用的符号设置，这一切都使得电气测量需要实现标准化。

　　于是，1926 年，国家标准化协会国际联合会（International Federation of the National Standardizing Associations）成立，该联合会旨在加强所有技术标准和认证的国际合作。

1.2.1　质量运动

　　一旦制造业发展成熟，重点就转移到了减少浪费和降低成本上。质量运动（Quality Movement）是由一些训练有素的工程师领导的，他们善于运用数学。该运动带来了一些

[①] www.oxforddictionaries.com/definition/english/statistics

符合制造业发展需求的实践。当然，这一切的关键始于 19 世纪初的工业革命。

紧随质量运动之后的是工厂系统（Factory System），其重点是产品质检。

美国参加第二次世界大战之后，质量变得至关重要，因为一个州的子弹必须与另一州制造的枪支配合使用。那时，美国陆军必须手动检查每一台机器，这非常耗时。于是，人们开始使用诸如抽样之类的统计技术来加快过程。

日本在这段时间也开始意识到质量问题的重要性。

工厂系统的质量计划首先关注的是缺陷和产品，然后才转移到研究用于创建这些产品的过程。此时，有大量的公司对员工进行全面质量管理（Total Quality Management，TQM）和统计技术的培训。

在此阶段，出现了 7 个质量"基本工具"，它们属于数学/统计学的范畴。

- ❑ Cause and Effect Diagram：因果图。
- ❑ Check Sheet：检查表。
- ❑ Control Chart：控制图。
- ❑ Histogram：直方图。
- ❑ Pareto Chart：帕累托图。
- ❑ Scatter Diagram：散点图。
- ❑ Stratification/Flowchart/Run Chart：分层/流程图/运行图。

20 世纪 20 年代初期的统计过程控制（Statistical Process Control，SPC）是一种使用统计方法进行质量控制的方法，其中对过程（Process，也可以称为流程）进行监视和控制可确保过程发挥最大潜力。在其最大潜力下，一个过程可以生产出尽可能多的合格产品或使产品标准化，同时减少浪费。

该方法广泛用于生产线，重点在于持续改进，并在以下两个阶段中进行了实践。

- ❑ 过程的初步建立阶段。
- ❑ 过程在常规生产中的应用阶段。

统计过程控制（SPC）相对于质量控制方法（如质检）的优势在于，它强调问题的早期发现和预防，而不是在问题发生后纠正问题。

在此阶段出现了一些较为完善的总结和实践。

- ❑ 六西格码（Six Sigma）：这是一种改善企业质量过程管理的技术，旨在提高质量并降低成本，这是一个衡量和改进的过程。
- ❑ Kaizen：Kaizen（改善）是一个日语词汇，意指小的、连续的、渐进的改善，旨在逐步改进业务流程。
- ❑ PDCA 循环：PDCA 循环是美国质量管理专家休哈特博士首先提出的，经由戴明推广而获得普及，故又称戴明环。全面质量管理（TQM）的思想基础和方法依据就是 PDCA 循环。PDCA 循环的含义是将质量管理分为 4 个阶段，即计划（Plan）、执行（Do）、检查（Check）和处理（Action）。

与此同时，政府方面在做什么呢？军方正在捕获和使用大量数据。当今使用的许多商业术语其实都与军方有关，如销售战术、营销策略、商业战略和商业智能等。

1.2.2　第二次世界大战

如前文所述，统计数据在第二次世界大战期间产生了很大的变化。例如，盟军使用统计方法准确估算了德国坦克的产量。他们还使用统计信息和逻辑规则来解码德语消息。

Kerrison Predictor 是全自动防空火力控制系统之一，可以根据简单的输入（如与目标的角度和观察到的速度）向飞机开火。英国陆军在 20 世纪 40 年代初期有效地利用了这一点。

曼哈顿计划（Manhattan Project）是 1942—1945 年美国政府的研究项目，该计划产生了第一枚原子弹。在该计划之下，第一枚原子弹于 1945 年 7 月在新墨西哥州的一个地点试爆。接下来的一个月，该计划生产的其他原子弹投到了日本广岛和长崎。该计划使用统计数据进行模拟并预测了核反应链的表现。

1.2.3　统计的影响和涉及面

天气对农业的影响最大，因此，天气预报尤其是降雨预报对世界经济有很大影响。Lewis Fry Richardson 于 1922 年通过数值计算方式进行了首次天气预报。

1950 年，美国气象学家和数学家团队使用 ENIAC 数字计算机首次成功进行了数值天气预测。[1]

1956 年，分析技术解决了旅行和物流中的最短路径问题，即著名的旅行商问题（Traveling Salesman Problem），从根本上改变了这些行业。

1956 年，工程师 Bill Fair 和数学家 Earl Isaac 发明了一个信用分的统计模型，并因此成立了 Fairisaac & Company（FICO 即因此而得名），他们的信条是：以智能方式使用数据可以改善业务决策。1958 年，FICO 建立了第一个针对美国投资的信用评分系统，并于 1981 年引入了 FICO 信用局的风险评分。[2]

---

[1] http://journals.ametsoc.org/doi/pdf/10.1175/BAMS-89-1-45

[2] www.fico.com/en/about-us#our_history

　　从历史上看，到 20 世纪 60 年代，大多数组织已经设计、开发和实现了用于库存控制的集中式计算系统，而物料需求计划（Material Requirements Planning，MRP）系统则是 20 世纪 70 年代成功开发的。

　　1973 年，布莱克-舒尔斯模型（Black-Scholes Model，简称 BS 模型）由美国经济学家迈伦·舒尔斯（Myron Scholes）与费雪·布莱克（Fischer Black）首先提出，并由罗伯特·墨顿（Robert C. Merton）完善，它也因此而被称为 Black-Scholes-Merton 模型。该模型是一种为期权或权证等金融衍生工具定价的数学模型，可以估计期权/股票随时而变的价格。该模型背后的关键思想是通过以正确的方式买卖资产来对冲期权，从而消除风险。投资银行和对冲基金经常使用该模型。

　　20 世纪 80 年代，制造资源计划（Manufacturing Resource Planning）系统被开发出来，为了与前面介绍的物料需求计划（Material Requirements Planning，MRP）系统相区别，它被简称为 MRPII，不过，制造资源计划（MRPII）的核心仍然是物料需求计划（MRP），它是覆盖企业生产活动所有领域，追求有效利用资源的生产管理人机应用系统，其重点是通过使物料与生产要求同步来优化制造过程。

　　从 20 世纪 80 年代后期开始，被称为企业资源计划（Enterprise Resource Planning，ERP）系统的软件系统成为企业数据积累的驱动力。ERP 系统是用于业务管理的软件系统，包括计划、制造、销售、市场营销、分销、会计等功能支持的模型。ERP 系统比 MRP 系统重要，因为它们不仅包括与制造有关的模块，而且还与服务和维护有关。

1.3　商业智能的曙光

　　一般来说，早期的业务应用程序和 ERP 系统都有自己的数据库来支持其功能。这意味着数据处于孤岛中，因为没有其他系统可以访问它。企业很快就意识到，如果所有数据都在同一个系统中，则数据的价值可以成倍增长，这使得数据仓库（Data Warehouse）的概念出现，随之衍生出企业数据仓库（Enterprise Data Warehouse，EDW）的概念，它是用于存储企业所有数据的单一系统。因此，可以从各种不兼容的系统中获取数据，并使用提取/转换/加载（Extract/Transform/Load，ETL）过程将数据汇总在一起。一旦从许多不同的系统中收集了数据，捕获的数据需要转换为信息和知识才能有用。因此，商务智能（Business Intelligence，BI）系统应运而生，它可以为企业提供更具相关性的智能，并引入了客户视图和客户生命周期价值（Customer Lifetime Value，CLV）的概念。

　　企业数据仓库（EDW）的优势之一是使商业智能变得更加详尽具体。尽管商业智能是使用图形和图表来了解业务进度的好方法，但它此前并未使用高端统计流程从数据中获得更大的价值。

1990—2000 年，企业迫切地想要知道如何更有效地使用数据来挖掘其中蕴含的意义并预测未来的发展趋势。也就是说，商业世界有着强烈的预测分析（Predictive Analytics）的需求。

那么，现在究竟存在哪些分析类型呢？

一般来说，分析过程可以进行以下分类。

- ❑ 描述统计（Descriptive Statistics，也称为描述性统计）：这使企业能够大致了解有关数字的摘要，这些数字也被管理层视为商业智能过程中的一部分。
- ❑ 推断统计（Inferential Statistics，也称为推论统计）：这使企业能够理解数据的分布、变化和形状。
- ❑ 差异统计（Differences Statistics）：这使企业能够知道数据变化的方式或数据相同的原因。
- ❑ 关联统计（Associative Statistics）：这使企业能够了解数据中关联的强度和方向。
- ❑ 预测分析（Predictive Analytics）：这使企业能够做出与趋势和概率有关的预测。

幸运的是，我们生活在软件时代，各种软件可以帮助我们进行数学运算，因此，这意味着数据分析师可以专注于以下方面。

- ❑ 理解业务过程。
- ❑ 了解需要解决的业务问题。
- ❑ 在统计数据中找出可用于解决问题的技术。
- ❑ 运行软件即服务（SaaS）以实施该技术。
- ❑ 形成见解或结论以帮助业务。

第 2 章　了解 SAS 和 R

本章将介绍流行的 SAS 和 R 软件。

本章将讨论以下主题：

- ❑　选择 SAS 和 R 的原因
- ❑　SAS 和 R 的历史
- ❑　如何安装 SAS 和 R

2.1　选择 SAS 和 R 的原因

在讨论选择 SAS 和 R 的原因之前，不妨先来看一下市场现实。本节部分资料来自于 Gartner 公司在其 2015 年的报告 "Magic Quadrant for Advanced Analytics Platforms"（《高级分析平台的魔力象限》）。可以在 Gartner 网站上找到此报告的副本，其网址如下：

www.gartner.com/technology/research.jsp

2.1.1　市场概况

据 Gartner 估计，不同行业和地区的高级分析市场总值超过 10 亿美元。尽管几乎每个行业都存在案例，但金融服务、零售/电子商务和通信领域可能是需求最为旺盛的行业。北美和欧洲是地理上最大的市场，而亚太地区也在快速增长。

这个市场已经存在了 20 多年。大数据（Big Data）的概念不仅增加了人们对该市场的兴趣，而且也极大地颠覆了它。以下是 Gartner 指出的主要颠覆性趋势。

- ❑　企业越来越倾向于应用高级分析的结果来改善业务绩效。

    企业对于高级分析的兴趣日益浓厚，这也使得该技术的应用迅速扩大，其潜在应用数量及在整个组织中的受众都在增加。现在，高级分析的业务职能范围不再局限于少数几个选定的小组（如负责市场营销和风险管理的小组），而是每个部门都有进行高级分析以改进绩效的兴趣。

- ❑　可用数据量的快速增长，特别是新的数据种类（如来自客户交互的非结构化数据和流传输的由机器生成的数据）的增长，需要用户和系统具备更高水平的数据操作能力和快速解释的能力，以善用数据并发挥其全部潜力。

❑ 对这些分析类型功能的需求不断增长，超出了专业用户的能力，这需要更高水平的自动化，并增加了对自助服务和数据科学家使用工具的需求。

2.1.2　高级分析的定义

Gartner 将高级分析（Advanced Analytics）定义为使用复杂的定量方法（如统计、描述性和预测性数据挖掘、模拟和优化）对各种数据进行分析，以产生传统的商业智能（如查询和报告）不太可能发现的见解。

最后这一部分（即产生传统的商业智能不太可能发现的见解）很重要。高级分析涉及统计和数据挖掘的方法，而这是传统的商业智能（BI）做不到的。

SAS（Statistical Analysis System）是一个模块化、集成化的大型应用软件系统，是许可软件类别的领导者。

R 是用于统计分析、绘图的语言和操作环境。R 是属于 GNU 系统的一个自由、免费、源代码开放的软件，是一个用于统计计算和统计制图的优秀工具。R 是免费的开源语言类别的领导者。

因此，作为数据分析师，如果可以同时使用这两种语言，那么就业的机会就大得多，很多分析项目和公司都需要这方面的人才。

这里还有其他一些值得注意的地方。

❑ SAS 的习惯很难被打破：传统上，SAS 是用于分析的语言，并且在 SAS 中编写和完善了多年的代码。对于一个行业来说，要推翻所有这些已建立的过程（Procedure）并从 R 开始是困难的。

❑ 对免费软件的不信任度很高：企业在使用像 SAS 这样的付费产品时相对会感到更加放心（这些产品可以获得客户支持）。R 则是免费软件（虽然有很多网络论坛关注它），当然也有付费版本（如 Revolution Analytics）提供技术支持。有关 Revolution Analytics 咨询和技术支持服务的更多信息，可访问：

www.revolutionanalytics.com/why-revolution-analytics

❑ R 具有内存处理功能：由于 R 可以进行内存处理，因此，存在与大数据处理有关的若干个问题。当然，企业版和 RHadoop 已消除了这些限制（R 的企业版不是免费的）。

❑ R 中的编码强度更高，而 SAS 则已开发出了许多单击界面，如 E Miner 和 EG；SAS 还针对特定的业务要求和功能提供了许多自定义的解决方案，从而使其部署更加容易。

在 SAS 中，存在针对以下特定行业的解决方案。

❑ 汽车。
❑ 银行业务。
❑ 资本市场。
❑ 赌场。
❑ 通信。
❑ 消费品。
❑ 国防与安全。
❑ 政府。
❑ 医疗保健机构。
❑ 健康保险。
❑ 高科技制造业。
❑ 高等教育。
❑ 酒店。
❑ 保险。
❑ 义务教育。
❑ 生命科学。
❑ 制造。
❑ 媒体。
❑ 石油和天然气。
❑ 零售。
❑ 中小型企业。
❑ 体育。
❑ 旅行和运输。
❑ 公用事业。

提示:

可以在 SAS 网站上获得更多提示，其网址如下:

www.sas.com/en_us/industry.html

2.2 SAS 和 R 的历史

现在来看一看 SAS 和 R 的发展历史。

2.2.1　SAS 的历史

SAS 无疑是分析行业久经考验的超级巨星。1966 年，美国农业部需要一个计算机统计程序来分析其收集的农业数据，于是，美国农业部资助了由 8 所赠地大学组成的联盟的研究（1862 年，美国国会为了应对工业革命的发展，通过了《莫里尔法案》。根据该法案，联邦政府将联邦控制的土地赠与各州，各州用变卖这些土地得到的资金来资助大学或学院，这些大学就叫作赠地大学），这些学校在美国国立卫生研究院（National Institute of Health，NIH）的资助下密切合作，以开发用于农业数据分析的通用统计软件包，提高作物产量。由此产生的程序称为 Statistical Analysis System（统计分析系统），缩写 SAS 即源自该名称。

在这 8 所大学中，北卡罗来纳州立大学成为该联盟的领导者，因为与其他大学相比，它可以使用功能更强大的大型机。

北卡罗来纳州立大学的教师 Jim Goodnight 和 Jim Barr 是项目负责人。当美国国立卫生研究院（NIH）于 1972 年停止拨款时，该联盟成员同意每年筹集资金，以使北卡罗来纳州立大学能够继续开发和维护该系统并支持统计分析需求。

1976 年，负责 SAS 的团队将项目从大学中撤出，成立了 SAS Institute。

1985 年，SAS 用 C 语言进行了重写，并在 1999 年发布了 Enterprise Miner（企业矿工）。顾名思义，这是 SAS 创建用于解决特定业务问题的产品套件的开始，而 Enterprise Miner 旨在挖掘大数据集。

2002 年，Text Minor 软件推出。

如今，SAS 产品包括以下内容。

- SAS 9.4（Base SAS）。
- SAS/STAT。
- SAS Analytics Pro。
- SAS Curriculum Pathways。
- SAS Data Management。
- SAS Enterprise Miner。
- SAS Marketing Optimization。
- SAS University Edition。
- SAS Visual Analytics。
- SAS Visual Statistics。

本书将介绍 Base SAS 模块（使用它可以在 SAS 中编写代码），同时还将使用 SAS

Enterprise Guide（EG）作为平台，以便可以使用单击功能。

2.2.2　关于 EG

SAS Enterprise Guide（EG）提供了一个基于项目的直观编程以及 SAS 的单击界面。它包括一个智能程序编辑器、查询功能、可重复的过程、存储的过程创建和使用，以及许多其他功能。它允许单击任务和编辑这些任务的代码，因此，它需要编写的代码更少（当然，作为一名数据分析人员，如果了解代码的构造并可以编辑代码以创建自定义输出，则可以节省大量时间）。此外，使用 EG 也可以打破重复和单调的工作。

使用 EG 的另一个好处是，不善于编写代码的人也可以通过它更有效地工作。因此，对于不善于或不喜欢编写代码的人士来说，它无疑更受欢迎。

2.2.3　获得 SAS Enterprise Guide 软件的方式

SAS 为学术用户使用和学生学习提供了很大的方便。只要注册 SAS OnDemand for Academics，即可在系统上安装 SAS。具体做法可访问以下网址：

http://support.sas.com/software/products/ondemand-academics/#s1=2

当然，也可以通过 Google 或百度搜索引擎搜索 SAS OnDemand for Academics 关键字，同样可以进入相关链接。

提示：

SAS 会持续更新软件版本，有时还会有一种在访问 SAS OnDemand 站点的感觉。对于这种变化不必惊讶。这是获得 SAS 发行的新产品或新版本产品的理想方法。

2.2.4　R 的历史

1975—1976 年，贝尔实验室设计出了 S，这是一种统计计算语言，可以作为常用统计计算的替代方法，而这是通过直接调用 FORTRAN 子例程完成的。

1995 年，Ross Ihaka 和 Robert Gentleman 编写了一个实验性的 R，它与 S 没什么不同。在过去的 20 多年中，R 逐渐兴起，成为一种可用于统计、数据管理和编程等的软件。

R 是完全免费、开放源代码的自由软件，可以在其网站及其镜像中下载任何有关的安装程序、源代码、程序包及其源代码、说明文档等。标准的安装文件自身就带有许多模块和内嵌统计函数，安装之后即可直接实现许多常用的统计功能。由于 R 是自由软件，因此其模块的数量众多，质量参差不齐，但平均而言，其输出结果令人印象深刻。R 的绝大多数模块都是开放的，以鼓励改进，并得到了统计界的广泛参与。

R 是根据 GNU 通用公共许可证免费提供的，详情可访问：

www.r-project.org/

2.2.5　关于 R 的命名

R 之所以命名为 R，部分是由于其创始人 Ross Ihaka 和 Robert Gentleman，他们名字的首字母都是 R，另外还有一个原因是它脱胎于 S 语言，因此沿袭了 S 语言的命名风格。可以在以下有关 R 语言的常见疑难解答页面获得更多详细信息：

http://cran.r-project.org/doc/FAQ/R-FAQ.html

2.2.6　关于 R

R 是用于统计计算和图形的系统。它由一种语言以及包含图形的运行时环境和调试器组成，可以访问某些系统功能，也可以运行脚本文件中存储的程序。

R 的设计在很大程度上受到两种现有语言的影响：一种自然是前面介绍过的 S 语言，另外一种则是 Sussman 的 Scheme。尽管生成的语言看起来与 S 很相似，但是其底层实现和语义都是从 Scheme 派生的。在上面介绍的有关 R 语言的常见疑难解答页面中，对于 R 和 S 之间的区别也提供了更多的信息。

R 的核心是一种解释性计算机语言，它允许分支和循环以及使用函数进行模块化编程。R 中大多数用户可见的函数都是用 R 编写的。为了提高效率，用户可以连接到用 C、C++或 FORTRAN 编写的程序。

R 发行版包含大量用于统计过程的功能。其中包括线性和广义线性模型、非线性回归模型、时间序列分析、经典参数和非参数检验、聚类和平滑等。此外，还包括大量函数集，提供了灵活的图形环境来创建各种数据表示形式。另外，还有一些被称为附加软件包（Add-On Package）的模块，它们适用于各种特定目的。

2.2.7　关于 RStudio

RConsole（R 控制台）非常适合程序员和喜欢编写代码的人士，但对于不喜欢编写代码的人士来说，下载和使用 RStudio 更合适，也更轻松。RStudio 是 R 的前端，其界面如图 2-1 所示。当然，需要有 R 才能使 RStudio 工作。RStudio 的功能是使 R 的使用变得更加轻松和顺畅，并使得用户可以轻松地使用许多软件包。

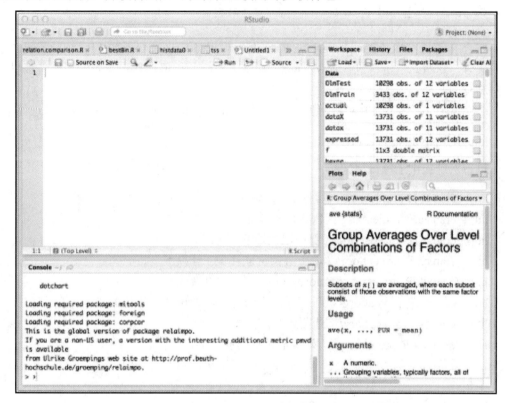

图 2-1　RStudio 界面

如图 2-1 所示，Help（帮助）窗格可以显示查询的答案。右上方的 Workspace（工作区）窗格列出了当前工作区中的数据、值和函数。Import Dataset（导入数据集）按钮可编写用于解析输入数据文件（CSV 或带有其他分隔符的文件）的读取命令。另外，它还提供了 R 对象结果的快速预览。

RStudio 可以通过以下网址下载：

www.rstudio.com/

提示：

可以先下载和安装 R，然后下载和安装 RStudio，这样会比较顺利。对于基于服务器的 R，可下载 RStudio 服务器版本。其网址如下：

www.rstudio.com/products/rstudio/download-server/

2.2.8　关于 CRAN

综合 R 存档网络（Comprehensive R Archive Network，CRAN）是包含相同资料的站点的集合，这些站点资料包含 R 发行版、由多人贡献的扩展软件包、R 的说明文档以及二进制程序文件等。

CRAN 有 100 多个 CRAN 镜像站，其主站则位于奥地利维也纳经济大学，网址如下：

http://CRAN.R-project.org/

以下网址提供了每日镜像：

http://cran.at.R-project.org/（奥地利维也纳经济大学）
http://cran.au.R-project.org/（澳大利亚墨尔本大学）
http://cran.br.R -project.org/（巴西巴拉那联邦大学）
http://cran.ch.R-project.org/（瑞士苏黎世联邦理工学院）
http://cran.dk.R-project.org/（dotsrc.org，丹麦奥尔堡）
http://cran.es.R-project.org/（西班牙国家研究网，西班牙马德里）
http://cran.pt.R-project.org/（葡萄牙波尔图大学）
http://cran .uk.R-project.org/（英国布里斯托尔大学）

有关 CRAN 镜像的完整列表，可访问：

http://CRAN.R-project.org/mirrors.html

可使用距离最近的 CRAN 网站以减少网络负载。中国区的 CRAN 镜像站点包括：

https://mirrors.tuna.tsinghua.edu.cn/CRAN/（清华大学 TUNA 团队）
https://mirrors.bfsu.edu.cn/CRAN/（北京外国语大学）
https://mirrors.ustc.edu.cn/CRAN/（中国科学技术大学）
https://mirrors.e-ducation.cn/CRAN/（广州英荔教育科技有限公司）
https://mirror.lzu.edu.cn/CRAN/（兰州大学开源学会）
https://mirrors.nju.edu.cn/CRAN/（南京大学电子科学中心）
https://mirrors.tongji.edu.cn/CRAN/（同济大学）
https://mirrors.sjtug.sjtu.edu.cn/CRAN/（上海交通大学）
https://mirror-hk.koddos.net/CRAN/（香港 KoDDoS）
https://cran.csie.ntu.edu.tw/（台湾大学）

从 CRAN 站点中可以获得 R 的最新正式版本、R 的每日快照（当前源树的副本，其格式为 gzipped tar 和 bzipped tar 文件）、大量其他用户贡献的代码以及针对各种操作系统的预构建二进制文件（包括 Linux、Mac OS Classic、OS X 和 Microsoft Windows）。CRAN 还提供对 R、现有邮件列表和 R 错误跟踪系统的说明文档。

2.2.9 关于 R 的附加软件包

软件包是符合定义格式（Well-Defined Format）的 R 函数、数据和已编译代码的集合。它们可以帮助用户使用与某些统计和可视化技术有关的代码。软件包存储的目录称为 Library（库）。R 有一些标准软件包，其中一些是必须下载和安装的。安装之后，必须通过代码命令或 RStudio 中的图形用户界面（Graphical User Interface，GUI）将它们加载到要使用的会话中。

R 发行版附带以下软件包。

- base：基础 R 函数（以及 R 2.0.0 版本之前的数据集）。
- compiler：R 字节码编译器（R 2.13.0 版本中添加）。
- datasets：基本 R 数据集（R 2.0.0 版本中添加）。
- grDevices：用于基本和网格图形的图形设备（R 2.0.0 版本中添加）。
- graphics：基本图形的 R 函数。
- grid：重写的图形布局功能，并提供一些交互支持。
- methods：为 R 对象以及其他编程工具正式定义的方法和类。在 Green Book（绿皮书）中提供了对编程工具的介绍。
- parallel：支持并行计算的软件包，包括通过派生和套接字进行的并行计算，还支持生成随机数（R 2.14.0 版本中添加）。
- splines：回归样条函数（Regression Spline Function）和类。
- stats：R 统计函数。
- stats4：使用 S4 类的统计函数。
- tcltk：与 Tcl/Tk GUI 元素的接口和语言绑定。
- tools：软件包开发和管理工具。
- utils：R 实用工具函数。

提示：

要了解更多附加软件包的信息，建议到以下网址查看评论：

http://stackoverflow.com

R 非常有助于可视化功能，并具有专用的软件包，如 ggplot 2，它可以生成高质量的图，帮助开发创意以建立模型或进行高级分析。而且，在 R 中发现和实现的新方法或算法的传播时间比 SAS 等许可软件的传播时间短得多。

当然，R 有一个很大的缺点是各个包之间的语法不一致，这增加了学习的难度。

📎提示：

微软公司已收购 Revolution Analytics。有关详细信息，可访问：

http://blogs.technet.com/b/machinelearning/archive/2015/04/06/microsoft-closes-acquisition-of-revolution-analytics.aspx

2.2.10　微软公司收购 Revolution Analytics 的意义

微软公司信息管理和机器学习副总裁 Joseph Sirosh 说，Revolution Analytics 是基于 R 的软件和服务的领先提供商，微软正计划将 R 内置到 SQL Server 中，这使客户能够将其部署在数据中心、Azure 或混合配置中。微软还计划将 Revolution 的 R 发行版集成到 Azure HDInsight 和 Azure 机器学习中，以使其更容易分析大数据。

理想情况下，这将使 R 的用户界面更加简单和友好，并且使其基础架构即服务（Infrastructure as a Service，IaaS）Microsoft Azure 也更易于使用。

2.3　安装 SAS 和 R

接下来介绍如何安装 SAS 和 R 软件。

2.3.1　获得 SAS

如前文所述，用户可以使用 SAS 提供的资源进行教学和培训。用户可以获得以下 3 个版本的 SAS 软件。

❏　SAS University Edition。
❏　SAS OnDemand for Academics。
❏　Education Analytical Suite。

有关这些版本的详细获得方式，可访问：

www.sas.com/en_us/learn/analytics-u.html

2.3.2 SAS University Edition

SAS University Edition 是最适合 SAS 技能教学以及使用 SAS 基础技术分析数据的最佳方法。可以选择：

- ❑ 从 SAS 下载 SAS University Edition。
  - ➢ 免费。
  - ➢ 可以在 Windows、Linux 和 Mac OX 系统上运行。
  - ➢ 在本地运行，不需要互联网连接。
- ❑ 通过 Amazon Web Services（AWS）访问 SAS University Edition。
  - ➢ SAS 软件是免费的（AWS 可能需要收取使用费）。
  - ➢ 在云中运行，需要浏览器和 Internet 连接。

首先来看一下从 SAS 下载 SAS University Edition 的操作。

（1）打开浏览器，访问 www.sas.com/en_us/software/university-edition.html。

（2）单击 Get free software（获取免费软件），如图 2-2 所示。

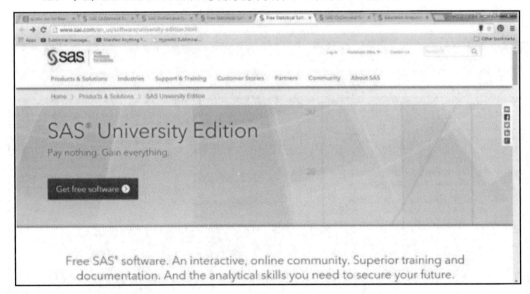

图 2-2 获取免费软件

（3）单击 Download now（立即下载）按钮，如图 2-3 所示。

（4）单击所需的兼容虚拟化软件包（例如，在 Windows 操作系统上需要 VMware

Player 7 或更高版本），如图 2-4 所示。

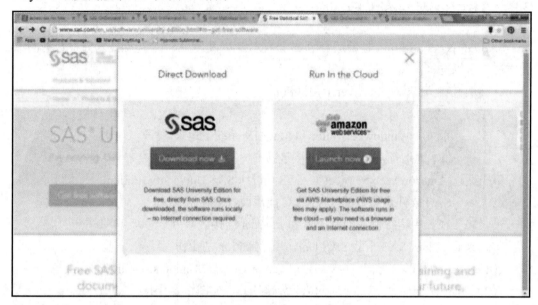

图 2-3 两种选择

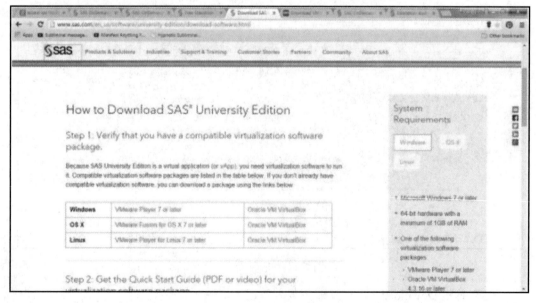

图 2-4 选择虚拟化软件

（5）单击所需的相关程序包（例如，对于 Windows 64 位操作系统，需要 VMware Player）。如何知道当前的操作系统是 32 位还是 64 位呢？单击左下角的"开始"按钮，在弹出菜单中选择"控制面板"，然后单击"系统和安全"，再单击"系统"，即可看到当前操作系统的信息。如图 2-5 所示，可以看到当前操作系统的"系统类型"为 64 位操作系统。

图 2-5 通过"控制面板"查看操作系统类型

（6）运行下载到本地的 **VMware.exe** 可执行文件（该文件默认保存到系统"下载"文件夹），完成虚拟化软件包的安装。

（7）转换到 SAS University Edition's Quick Start Guide for VMware Player 页面，如图 2-6 所示。该指南（PDF 文档）的网址如下：

http://support.sas.com/software/products/university-edition/docs/en/SASUniversityEditionQuickStartVMwarePlayer.pdf

（8）找到 SAS 软件所在的位置，如图 2-7 所示。

图 2-6　快速入门指南的位置

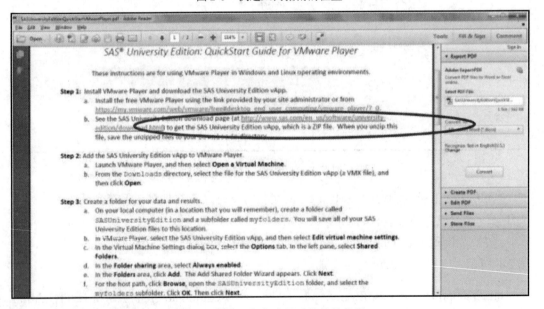

图 2-7　快速入门指南显示软件的位置

（9）单击下载软件。

（10）使用 SAS 账户登录。新用户可以单击 Create 按钮创建账户，如图 2-8 所示。

图 2-8 登录 SAS

（11）确认条款和条件。

（12）从 Receipt（收据）页面开始下载，如图 2-9 所示。

图 2-9 下载 SAS University Edition

提示：

如果看到错误提示：This kernel requires an X86-64 CPU, but only detected an i686 CPU. Unable to boot – please use a kernel appropriate for your CPU（此内核需要 X86-64 CPU，但只能检测到 i686 CPU。无法启动——请使用适合你的 CPU 的内核），则可以通过 BIOS 启用 Intel VT-X/AMD-V，也可以通过搜索引擎获得更多有关此问题的信息和解决方案。

2.3.3　SAS OnDemand for Academics

一般来说，作为学术课程的一部分，使用 SAS OnDemand for Academics 网站最适合通过云在线访问功能强大的 SAS 软件。其好处如下。

❑　免费。

❑　可以在 Windows、Linux 和 Mac OX 系统上运行。

❑　可以随时随地通过云访问。

❑　可用的数据存储容量最大为 5GB。

可访问以下网址并按步骤进行安装和访问：

www.sas.com/en_us/industry/higher-education/on-demand-for-academics.html

（1）选择 Independent Learners（独立学习者）选项，如图 2-10 所示。

图 2-10　选择学习路径

（2）下载 Quick Start Guide（快速入门指南），如图 2-11 所示。

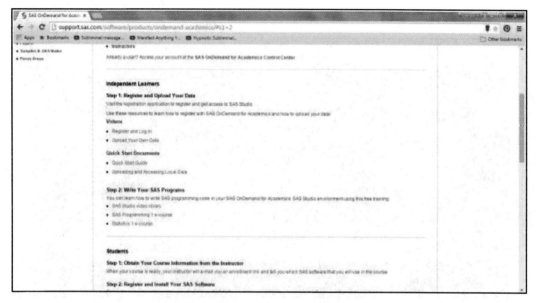

图 2-11　获取快速入门指南

（3）注册账户，如图 2-12 所示。

图 2-12　注册账户

（4）登录到 SAS Studio，如图 2-13 所示。

（5）选择 Enterprise Guide（企业指南），然后按照安装过程进行操作，如图 2-14

所示。

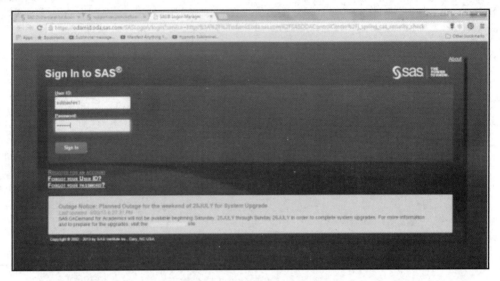

图 2-13　登录 SAS Studio

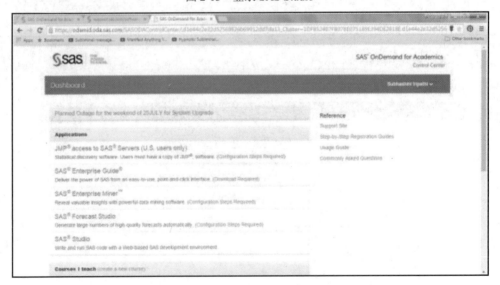

图 2-14　Dashboard（仪表板）页面

提示：

注意正确存储登录 ID（SAS 系统在注册时生成）。如果忘记了，那么下次登录时可能会面对不必要的麻烦。

2.3.4　Education Analytical Suite

对于需要内部软件和数据进行教学和学术研究的机构而言，Education Analytical Suite 是最好的，它通过降低成本的企业许可证提供了全面的 SAS 基础技术。其好处如下。

- ❑　灵活、低成本和无限的许可。
- ❑　可在 Windows、Linux 和 Mac OX 等系统上运行。
- ❑　在本地运行（无须互联网连接）。
- ❑　本地无限制的数据存储。

有关详细信息，可访问：

www.sas.com/en_us/industry/higher-education/education-analytics-suite.html

2.3.5　安装 R

如前文所述，需要安装 RConsole 和 RStudio 以获得完整的体验。注意，在安装 SAS 之后，安装 R 会简单得多。

（1）从 www.r-project.org/ 下载相关版本，如图 2-15 所示。

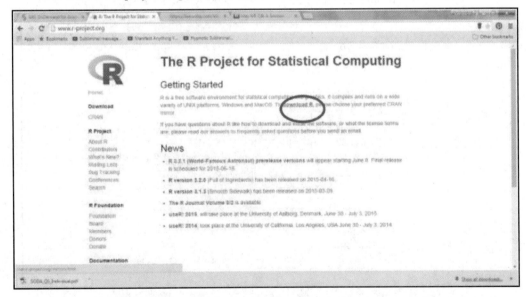

图 2-15　选择下载 R

（2）在 http://cran.r-project.org/mirrors.html 中选择离你最近的 CRAN 镜像（Mirrors）

站点，如图 2-16 所示。

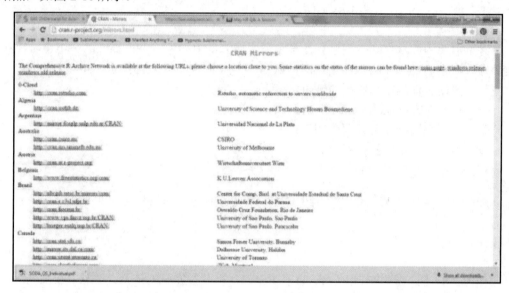

图 2-16　可用镜像列表

（3）根据使用的计算机操作系统类型下载并安装 R，如图 2-17 所示。

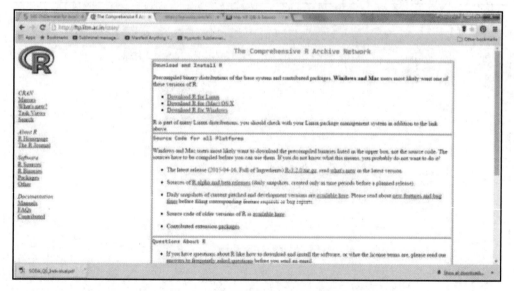

图 2-17　选择操作系统对应的 R 版本

（4）从 www.rstudio.com/products/rstudio/下载 RStudio。

（5）选择下载 RStudio Desktop，如图 2-18 所示。

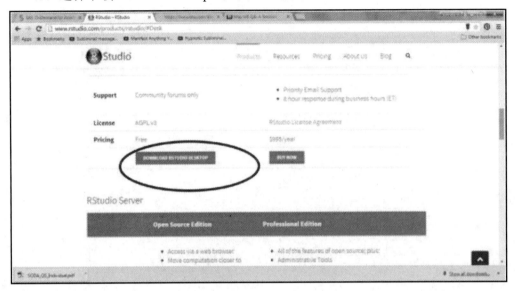

图 2-18　选择 RStudio Desktop

（6）从 www.rstudio.com/products/rstudio/download/下载所有安装程序，如图 2-19 所示。

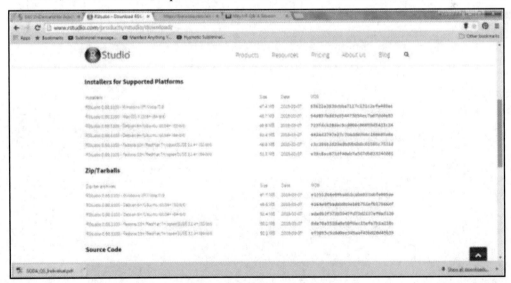

图 2-19　下载所有安装程序

现在一切就绪。接下来我们将使用 SAS 和 R 进行分析。

第 3 章　使用 SAS 和 R 进行数据处理

本章将介绍 DCOVA&I 框架中定义阶段对于数据分析的意义及对于业务问题的基本理解等，并通过具体案例演示定义问题、收集相关数据、组织数据、可视化数据和创建最终项目数据集市等操作。

本章将讨论以下主题：

- ❑　从 ERP 到业务分析 SaaS 的数据流
- ❑　如何对数据进行完整性检查
- ❑　如何合并数据集
- ❑　如何处理缺失的值、重复项和离群值
- ❑　如何创建项目数据集市

3.1　定义：数据处理之前的阶段

现在让我们按照 DCOVA&I 框架来谈一谈在数据处理之前要做的事情。所谓 DCOVA&I 框架，是指定义（Define）、收集（Collect）、组织（Organize）、可视化（Visualize）、分析（Analyze）和见解（Insight）。

在开始项目时，分析师需要对自己必须解决的问题有一个明确的了解。毕竟，项目有可能按分析师提出的建议执行。如果分析师对项目和问题本身的了解都不足，那么得出的结论和见解显然是堪忧的。

就分析项目而言，在处理数据之前，一个很明确的任务就是要进入定义（Define）阶段，也就是说，首先需要对问题有一个清晰的定义。由于以后需要使用统计技术，因此分析师需要先理解业务问题，然后将其转换为统计问题。

但是，定义问题可能并不像听起来那样简单，因为企业总是会提出一些充满日常用语的不精确的问题陈述。例如，你可能会收到总裁办的要求，内容如下：

"请研究一下数据，并告诉我谁是本公司最赚钱的客户。"

要将该业务问题陈述转换为分析性问题陈述，分析师将采用以下过程（参见图 3-1）。

（1）搞清楚企业对于问题陈述的定义。例如，按照总裁办的意思，什么样的客户才能算是最赚钱的客户？是一个客户给公司带来的收益相当于数百个客户，还是至少需要带来的收益相当于数千个客户？

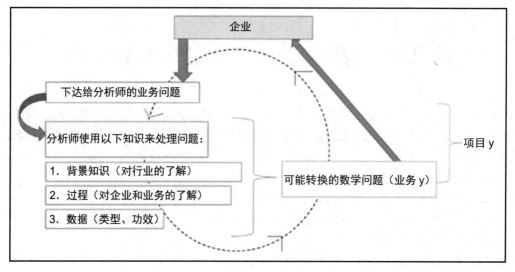

图 3-1　定义过程：确定项目 y

（2）使用以下知识来建立对问题的理解。

❑　行业（如银行、零售、制造业等）。

❑　过程（如营销、风险、运营、客户关系管理等）。

❑　与行业和过程相关的常见数据类型。

（3）将对问题的理解转换为一些可能的数学问题（业务 y）。

（4）为业务提出解决方案。

（5）帮助企业修改/选择将用于项目的客户。

3.2　常见业务问题的基本理解

什么是企业？简而言之，企业就是将商品和服务换成金钱的组织或经济体系。企业需要某种形式的投资和足够的客户，才能稳定地向其客户出售其产品以获利。因此，企业的目标是销售额高于支出，从而获得利润。

📝 问答：企业和公司有什么区别？

企业泛指一切从事生产、流通或者服务活动，以谋取经济利益的经济组织。公司一般是指依法设立的以营利为目的的企业法人。也就是说，公司属于企业范畴，即公司必然是企业，而企业则未必是公司。当然，在日常生活中，这两个概念一般是可以通用的。

企业的有效运作称为管理。企业的所有者既可以自己管理企业，也可以聘请专业经理来为他们管理。

企业组织中的管理是一种功能，它可以协调人们努力工作，以有效使用资源来实现目标。管理包括计划、组织、人员配备、领导、控制和组织，以实现公司的目标。对于大多数公司而言，主要的目标就是利润最大化，如图 3-2 所示。

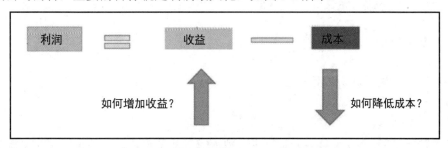

图 3-2　商业企业的目标是利润最大化

战略目标（Strategic Objectives）是企业战略计划的基本组成部分之一。例如，企业的财务战略目标可能如下。

❑　未来 10 年的销售额将超过 70 亿美元。

❑　年收入递增 10%。

以客户为中心的战略目标可能如下。

❑　将客户保持率（Customer Retention Rate）提高到 20%。

❑　在未来两年内将销售扩大到 4 个国家。

运营战略目标如下。

❑　充分利用物理因素，例如位置等。

❑　制订并实施促销计划，以推动业务增长。

人力资源部门的战略目标可能如下。

❑　聘请能更好地为客户服务的专业人员。

❑　激励员工努力达成绩效目标。

一般来说，企业都会制定其战略目标，从而为企业的发展提供总体方向上的指导，提高其盈利能力。不难发现，分析团队要解决的业务问题通常与企业的战略目标有关。

据称有 50%的分析项目无法交付（失败）。

什么是分析项目失败？失败可能意味着分析结果尚无定论、模型效率低下、工作未及时完成、项目未在企业中付诸实施等。

分析项目失败的最大原因往往在定义阶段就已经理下了种子。因此，为了使项目取得整体成功，并使企业能够通过分析来驱动战略目标，必须成功完成 D 阶段——也就是定义（Define）阶段，并由所有相关人员签字确认。

提示：

分析师在定义阶段中所花费的时间可能占项目总体时间的 20%，这是为了鼓励分析师充分理解问题并进行定义，千万不要为了急于求成而忽略此阶段。

3.2.1　数据来源

企业或组织用于分析的数据可以分为以下两大类。

- ❑　二手数据。
- ❑　一手数据。

二手数据（Secondary Data）是指由其他人收集的数据。二手数据的常见来源是政府机构、研究组织、监管机构和咨询公司等。

二手数据的一些常见问题是，它可能并不是针对要进行分析的特定目的而收集的。时间范围也可能不匹配。在这种情况下，根据这些非特定于企业的客户/业务部门的数据而制定的企业策略，真的靠谱吗？

如果仅观察数据集，某些问题可能无法回答。例如，某些观察结果中是否可能缺失信息？如果是，那么是否会由于这种信息的不完整或对不完整的无知而产生偏见？

当然，使用二手数据也有好处，那就是已经有人发现了数据，可以直接利用它。就收集数据而言，二手数据通常更便宜。它通常可以节省大量时间，并且绝对可以缩短数据累积和分析之间的时间差。因此，它可能具有很大的探索价值，可以帮助分析师为项目制定定义/问题，还可以制定一些假设进行测试。

一手数据（Primary Data，也称为原始数据）是指由分析师或企业第一手收集的数据。一手数据的来源可能是项目专题小组、调查表或个人访谈，但是在大型组织中，主要依靠的还是内部企业资源计划（ERP）系统。因此，一手数据是有关企业的客户、供应商和内部流程的数据。

显然，一手数据具有其独特性。但是，这也可能会引起问题，因为将一手数据与组织外部的其他人群进行比较并不容易。当然，业界中的大多数组织也将跟踪相似类型的原始数据，因此，类似领域的公司将在其数据中跟踪相似变量。

3.2.2　使用基准创建最佳定义陈述

在启动某个项目时，如何搞清楚我们具体针对的目标是什么？

也许对于所有项目而言，最终都会使用内部数据或一手数据。但是，分析师也可以使用二手数据来设置基准，以帮助定义对于企业来说是好还是差的值，如图 3-3 所示。

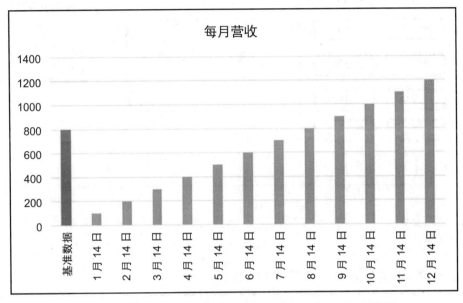

图 3-3　项目数据通常是一手数据，而基准数据通常是二手数据

例如，某企业在 6 月 14 日统计的营收是 600 万美元，那么这个营收数字对于该企业来说是好还是差呢？这是一个主观问题。企业中的每个人都可以对此发表意见。如何才能在众说纷纭的意见中找出对企业来说真正有效的判断？此时，有效利用二手数据就是一个不错的方法，它可以对比其他企业的绩效和行业趋势，并为项目设置一个标准或可行的基准。

🖐提示：

　　可以从业内公认的权威机构的期刊和特定行业文章中获得提示，以设置良好的基准。

3.3　从 ERP 到业务分析 SaaS 的数据流

现在来看一下分析师将在哪个地方接收到进行分析的数据，如图 3-4 所示。

企业数据仓库（Enterprise Data Warehouse，EDW）是来自组织内不同系统的数据存储库。跨多个系统链接数据的方法是借助主键。通过这种方式，EDW 可以包含将众多事务和活动链接到客户、供应商、产品等的数据。

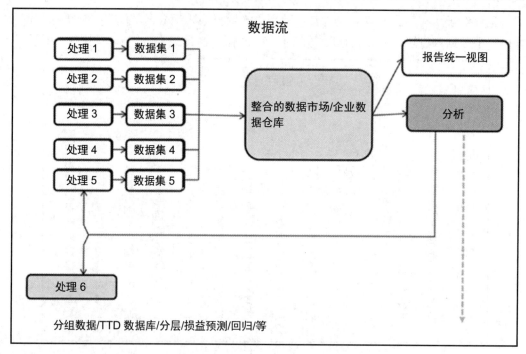

图 3-4　组织中一手数据的数据流

3.3.1　主键

主键（Primary Key）是表或数据库中实体的唯一标识符，可以轻松地在系统上找到实体（客户、供应商或产品）。

主键是关系数据库中的一个变量，它对于每条记录、每个客户、供应商或事务都是唯一的。一般来说，对于客户，由组织生成的客户 ID 是其主键，或者电话号码/手机号码也可以作为其主键。除此之外，电子邮件 ID、PAN 卡号、Adhaar 卡号、社会保险号、员工 ID 号等也都可能被用作主键。

3.3.2　关系数据库

关系数据库（Relational Database）或表的组织方式可以识别存储的信息之间的关系。假设某位员工希望查看其公积金（Provident Fund，PF）账户中累积的金额，人力资源（Human Resource，HR）经理将如何帮他查询呢？人力资源经理需要问清楚其员工 ID（主键），然后使用该 ID 来检索数据库。因此，关系数据库是通过主键工作的。

3.4　数据完整性检查

开发数据集是特定时间范围、产品或业务的数据集，用于分析和构建模型。

因此，开发数据集可能属于某个特定的时间段。这是由以下原因引起的。

❏　对于今天存在的业务来说，可能只有过去两年或五年内的数据才有参考价值，更早之前的数据可能意义不大，因为每个业务都会发生变化，有时这些变化会极大地改变企业和业务状况。

❏　分析也有可能针对一个变量进行，该变量只有在客户与企业保持一定时间段的关系后才能得出。因此，如果要测量在线门户网站中客户的购买频率，则必须以三个月、六个月、一年等为一组的时间查看数据。

属于该"相关"时间范围的数据称为期内样本数据（In-Time Sample Data）。

那不在这个时间范围内的数据呢？则称为期外样本数据（Out-of-Time Sample Data）。

可以使用期外样本数据验证使用期内样本数据构建的模型。

必须对数据执行的完整性检查（Sanity Check）是什么？一般来说，它可能涉及以下任何事项或全部检查。

❏　检查是否已将适当数量的行、列/观测值和变量导入分析系统中，可以对照源系统进行检查。

❏　检查数据集中各种变量的格式。

❏　检查丢失的数据。

接下来将介绍如何在 SAS 和 R 中执行此操作。

🖐 提示：

要获取基本编码，可访问以下网站。

❏　对于 SAS，可访问：

https://support.sas.com/documentation/onlinedoc/guide/tut42/en/menu.htm

❏　对于 R，可访问：

http://tryr.codeschool.com/levels/1/challenges/1

3.5　SAS 案例研究 1

本节将通过实际案例研究来演示使用 SAS 执行 DCOVA&I 过程的细节。

3.5.1　问题陈述

一家 IT 支持服务（IT-Enabled Services，ITES）公司希望了解其与客户服务请求相关的数据。这些要求与公司生产的特定产品有关。请求可以分为三个优先级：低、中和高。每个优先级都有一个不同的服务级别协议（Service Level Agreement，SLA）。

其数据包含以下字段。

❑　ServiceRequestNo：这是系统上记录的每个服务请求的唯一 ID。

❑　ServiceRequestStatus：这是从某个日期开始的服务请求的状态。

❑　TypeOfEngagement：这是公司为客户所做的工作的类型。

❑　Incident/Problem：这指定服务请求是否有问题。

❑　SR Priority：这是服务请求的优先级。

❑　SR Open Date：这是在系统中记录的服务请求的日期。

❑　SR Close Date：这是系统中服务请求关闭的日期。

❑　Product：这是为其提出服务请求的产品的名称。

❑　Geography：这是客户所属的地理区域。

❑　Country：这是客户所属的国家/地区。

让我们按照 DCOVA&I 框架的方式创建一个项目计划。如前文所述，所谓 DCOVA&I 框架，是指定义（Define）想要研究的数据以解决问题或达到一个目标，从适当的来源收集（Collect）数据，组织（Organize）通过开发表收集的数据，通过开发图表可视化（Visualize）数据，分析（Analyze）收集到的数据，得出结论并给出结果或见解（Insight）。

（1）定义问题。整理数据并创建一个项目数据集市（Project Datamart），以对解决时间（Resolution Time）进行分析。换句话说，是解决服务请求所需的时间（以天为单位），这是以 SR Open Date 和 SR Close Date 之间的差值计算的。

在本书中，定义问题通常列入"问题陈述"小节。

（2）收集相关数据。该项目的数据来自文件 CaseStudy1.csv。

（3）组织和整理数据。处理数据，通过计算创建派生变量，并了解缺失值。

（4）可视化数据。

❑　y 的单变量分析。

❑　多变量分析：相关性。

（5）创建最终项目数据集市。

❑　删除用于创建 y 的变量，因为这些变量已用于创建业务问题。因此，它们无须重复使用。如果再次使用它们，将被重复计算。

❑　删除非数字变量。统计和数学只能在数字变量上进行。

❑　删除以下数字值：ServiceRequestStatus、TypeOfEngagement、Incident/Problem、SR Priority、Product、Geography 和 Country。

3.5.2　导入数据

现在就来介绍一下如何在 SAS 中执行 3.5.1 节提到的步骤。

首先是创建 libname。在 SAS OnDemand for Academics 中，该库是其课程的预置，可以通过 SAS Studio 链接查看名称。

✎提示：

当想要查找相关说明文档并自己动手进行处理时，搜索引擎是最好的朋友。SAS 提供了广泛的在线帮助。

```
libname lib1 " /home/subhashini1/my_content "; run;
PROC CONTENTS data = lib1._ALL_ NODS; run;
```

结果如图 3-5 所示。

The CONTENTS Procedure

Directory	
Libref	LIB1
Engine	V9
Physical Name	/courses/d4660de5ba27fe300
Filename	/courses/d4660de5ba27fe300
Inode Number	10354689
Access Permission	rwxr-xr-x
Owner Name	subhashini1
File Size	4KB
File Size (bytes)	4096

Page Break

图 3-5　查看库名

现在可以导入数据。将 CSV 文件加载到 SAS on-demand 云目录中。

```
FILENAME REFFILE "/home/subhashini1/my_content/CaseStudy1.csv" TERMSTR=CR;

PROC IMPORT DATAFILE=REFFILE
        DBMS=CSV
        OUT=WORK.IMPORT;
        GETNAMES=YES;
RUN;
```

注意：

在不接触基于云的服务器的情况下，更简单的导入方法是通过界面命令操作。选择 File（文件）| Import（导入数据）命令，打开 Import Wizard（导入向导）对话框，可以通过该向导将数据从桌面拉入 SAS。

3.5.3　查看数据

文件是否已经加载？是否所有数据都存在？PROC CONTENTS 将确定这一点。

```
PROC CONTENTS DATA=WORK.IMPORT; RUN;
```

结果如图 3-6 和图 3-7 所示。

The CONTENTS Procedure			
Data Set Name	WORK.IMPORT	Observations	2016
Member Type	DATA	Variables	10
Engine	V9	Indexes	0
Created	08/10/2015 14:48:15	Observation Length	80
Last Modified	08/10/2015 14:48:15	Deleted Observations	0
Protection		Compressed	NO
Data Set Type		Sorted	NO
Label			
Data Representation	SOLARIS_X86_64, LINUX_X86_64, ALPHA_TRU64, LINUX_IA64		
Encoding	utf-8 Unicode (UTF-8)		
Engine/Host Dependent Information			
Data Set			

图 3-6　查看导入的数据集

Alphabetic List of Variables and Attributes					
#	Variable	Type	Len	Format	Informat
10	Country	Char	9	$9.	$9.
9	Geography	Char	12	$12.	$12.
4	Incident/ Problem	Char	8	$8.	$8.
8	Product	Char	4	$4.	$4.
7	SR Close Date	Num	8	DATE8.	DATE8.
6	SR Open Date	Num	8	DATE8.	DATE8.
5	SR Priority	Char	8	$8.	$8.
1	ServiceRequestNo	Char	5	$5.	$5.
2	ServiceRequestStatus	Char	6	$6.	$6.
3	TypeOfEnagagement	Char	8	$8.	$8.

图 3-7　查看变量和属性列表

注意：

也可以查阅 *The Little SAS Book for Enterprise Guide*，该书可以从 SAS 网站购买，其网址如下：

https://www.sas.com/store/prodBK_61861_en.html

有关 SAS 编码的免费帮助，可访问：

www.sascommunity.org/wiki/Sasopedia/Topics

将 SAS 数据集存储回 SAS on-demand 库中。

```
DATA LIB1.CS1;
SET WORK.IMPORT; RUN;
```

结果如图 3-8 所示。

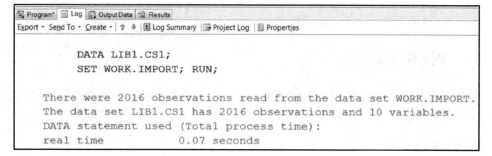

图 3-8　返回的日志

现在查看 SAS 文件 CS1（案例研究 1）中前 5 条记录的内容，以了解数据的样子。

```
PROC PRINT DATA=LIB1.CS1(OBS=5); RUN;
```

结果如图 3-9 所示。

#	Name	Member Type	File Size	Last Modified
1	CS1	DATA	384KB	08/10/2015 09.37.22

Page Break

Obs	ServiceRequestNo	ServiceRequestStatus	TypeOfEnagagement	Incident/ Problem	SR Priority	SR Open Date	SR Close Date	Prod
1	1001	Closed	Project	Incident	2-High	02JAN14	01MAR14	APC
2	1002	Closed	Project	Incident	2-High	02JAN14	01MAR14	APC
3	1003	Closed	Contract	Problem	2-High	23JAN14	22OCT14	APC
4	1004	Closed	Contract	Incident	3-Medium	24JAN14	24MAR14	APC
5	1005	Closed	Contract	Problem	3-Medium	28JAN14	23APR14	APC

图 3-9　查看案例研究 1 文件的前 5 条记录

处理 WORK 目录中的 WORK.IMPORT 文件，然后将修改后的最终数据集保存在永久目录（LIB1）中。创建文件 WORK.IMPORT 的副本为 WORK.CS1。

```
DATA WORK.CS1;
SET WORK.IMPORT; RUN;
```

结果如图 3-10 所示。

```
    DATA WORK.CS1;
    SET WORK.IMPORT; RUN;

There were 2016 observations read from the data set WORK.IMPORT.
The data set WORK.CS1 has 2016 observations and 10 variables.
DATA statement used (Total process time):
real time            0.00 seconds
```

图 3-10　创建副本及返回的日志

3.5.4　收集和组织数据

本案例在收集数据阶段无须执行操作，在组织和整理数据阶段的操作则是创建解决时间的 y 变量，它是 SR Open Date 和 SR Close Date 之间的差值。

```
VALIDNAME=ANY;
DATA WORK.CS1;
SET WORK.CS1;
RESOLUTIONTIME= 'SR Close Date'n-'SR Open Date'n; RUN;

PROC PRINT DATA=WORK.CS1(OBS=5); RUN;
```

问答：为什么要使用 VALIDNAME = ANY？为什么 'SR Close Date'n 和 'SR Open Date'n 都需要在末尾加上一个 n？

SAS 具有严格的命名约定。SAS 的有效名称必须遵循以下约定。

❑ 名称最多可以包含 32 个字符。

❑ 第一个字符必须以英文字母或下画线开头，后续字符可以是英文字母、数字或下画线。

❑ 变量名称不能包含空格。

❑ 变量名称不能包含下画线以外的任何特殊字符。

❑ 变量名可以包含大小写混合。但是，当 SAS 处理变量名时，实际上会将它们全部变成大写。例如，city、City 和 CITY 都代表相同的变量。

为了覆盖和规避这些约定，需要编写命令 VALIDNAME = ANY。

此外，变量名末尾的 n 表示 SAS 将忽略变量名中的空格。

提示：

SAS 不接受在变量名称中使用空格。因此，在导入期间，最好用 SAS 的下画线（_）替换变量名称中的任何空格或特殊字符。

问答：如何知道 SAS 数据集中的变量名称？

可以在 PROC CONTENTS 输出中看到变量的名称和类型（包括字符、日期和数字等类型）。

现在来看一下 y 变量的分布。

选择 Task（任务）| Describe（描述）| Distribution Analysis（分布分析）命令。

选择 Normal Distribution（正态分布）和 Histogram Plot（直方图）。

提示：

单击 Preview Code（预览代码）按钮，可以看到上述选择操作对应的 SAS 代码。

结果如图 3-11 所示。

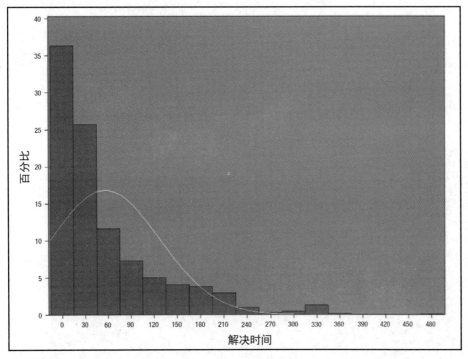

图 3-11　查看 y 变量的分布

现在已经看到了 y 变量的单变量分析（Univariate Analysis），那么描述性统计数据又是怎么样的呢？

✍提示：

可以使用 Proc Unvariate 过程获得类似的输出。

结果如图 3-12 所示。

The UNIVARIATE Procedure			
Variable: RESOLUTIONTIME			
Moments			
N	1791	Sum Weights	1791
Mean	56.4204355	Sum Observations	101049
Std Deviation	71.083311	Variance	5052.8371
Skewness	1.87603057	Kurtosis	3.84706109
Uncorrected SS	14745807	Corrected SS	9044578.41
Coeff Variation	125.98859	Std Error Mean	1.67965411
Basic Statistical Measures			
Location		Variability	
Mean	56.42044	Std Deviation	71.08331
Median	28	Variance	5053
Mode	0	Range	484
		Interquartile Range	74
Tests for Location: Mu0=0			
Test	Statistic		p Value
Student's t	t	33.59051	Pr > |t|	<.0001
Sign	M	809.5	Pr >= |M|	<.0001
Signed Rank	S	655695	Pr >= |S|	<.0001

Quantiles (Definition 5)	
Level	Quantile
100% Max	484
99%	320
95%	206
90%	161
75% Q3	80
50% Median	28
25% Q1	6
10%	1
5%	0
1%	0
0% Min	0

Extreme Observations			
Lowest		Highest	
Value	Obs	Value	Obs
0	2006	347	560
0	1991	348	1386
0	1969	349	518
0	1929	478	564
0	1920	484	1838

Missing Values			
Missing		Percent Of	
			Missing
Value	Count	All Obs	Obs
.	225	11.16	100

图 3-12　描述性统计数据

提示：

将 Result（结果）选项卡中的输出复制粘贴到 Excel 表格中，会发现其格式完全适合
Excel。

注意：

SAS 中的代码不区分大小写，因此，既可以使用大写也可以使用小写代码，其运行
效果是一样的。

删除缺失 y 的观察值。

```
DATA WORK.CS2;
SET WORK.CS1;
IF RESOLUTIONTIME >=0; RUN;
```

结果如图 3-13 所示。

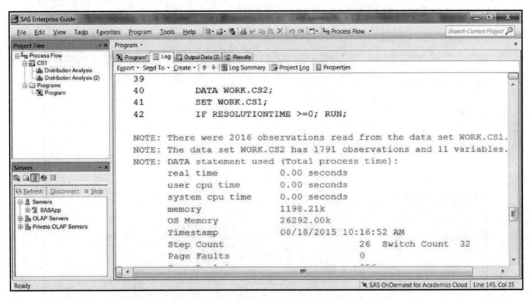

图 3-13　删除缺失 y 的观察值

3.5.5　可视化

现在执行一些可视化处理，以更好地理解数据。

❑　选择 Tasks（任务）| Describe（描述）| Summary Tables（汇总表）命令，运行
　　表，结果如图 3-14 所示。

Summary Tables		
	RESOLUTIONTIME N	RESOLUTIONTIME Mean
ServiceRequestStatus		
Cancel	1	0.00
Closed	1790	56.45

Generated by the SAS System ('SASApp', Linux) on August 18, 2015 at 4:25:36 PM

图 3-14　汇总表

❑　选择 Tasks（任务）| Graph（图形）命令，运行图形。

❑　根据服务请求状态绘制平均解决时间和观察次数。

删除状态为 Cancel（取消）的观察值，因为它只有一个，显然是一个离群值，因此不应包含在分析中。

```
DATA WORK.CS3;
SET WORK.CS2;
IF ServiceRequestStatus='Closed'; RUN;
```

结果如图 3-15 所示。

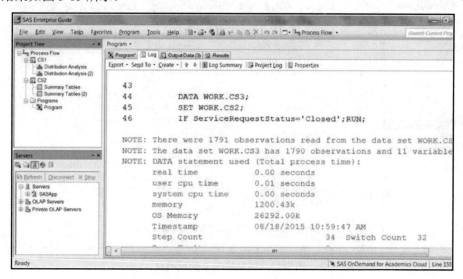

图 3-15　删除 Cancel 状态的观察值

现在来看一下 Resolution Time（解决时间）在地理上的分布情况。

提示：

可以使用 PROC TABULATE 创建汇总表，这和使用自动按钮系统创建的汇总表是一样的。

```
PROC TABULATE DATA=WORK.CS3;
 VAR RESOLUTIONTIME;
 CLASS Geography;
TABLE Geography, RESOLUTIONTIME*N RESOLUTIONTIME*MEAN;
RUN;
```

结果如图 3-16 所示。

提示：

逗号用于分隔代码中的多个变量。

由于所有案例都属于同一地理区域，因此可以删除此变量，然后按国家/地区查看解决时间的分布。

```
PROC TABULATE DATA=WORK.CS3;
 VAR RESOLUTIONTIME;
 CLASS Country;
TABLE Country, RESOLUTIONTIME*N RESOLUTIONTIME*MEAN;
RUN;
```

按产品查看解决时间。

```
PROC TABULATE DATA=WORK.CS3;
 VAR RESOLUTIONTIME;
 CLASS Product;
TABLE Product, RESOLUTIONTIME*N RESOLUTIONTIME*MEAN;
RUN;
```

结果如图 3-17 所示。

Product	RESOLUTIONTIME N	RESOLUTIONTIME Mean
AAM	91	53.82
APC	168	77.04
Adva	11	128.82
Blen	71	21.34
Busi	394	50.07
DynA	22	24.27
Oper	280	68.86
PHD	132	82.14
Proc	38	20.47
Prod	3	20.67
USD	503	46.28
Unsp	77	75.00
Page Break		

Geography	RESOLUTIONTIME N	RESOLUTIONTIME Mean
Asia-Pacific	1790	56.45

图 3-16　查看解决时间在地理上的分布情况　　　　　图 3-17　按产品查看解决时间

按工作类型（TypeOfEngagement）查看解决时间的结果，如图 3-18 所示。

	RESOLUTIONTIME N	RESOLUTIONTIME Mean
TypeOfEnagagement		
Billable	43	53.09
Contract	489	56.59
No Charg	351	31.62
Project	901	66.58
Unverifi	6	1.50

图 3-18　按工作类型查看解决时间

按优先级（Priority Level）查看解决时间的结果，如图 3-19 所示。

Summary Tables		
	RESOLUTIONTIME N	RESOLUTIONTIME Sum
SR Priority		
	0	
1-Critic	86	4559.00
2-High	563	27443.00
3-Medium	1006	60403.00
4-Low	136	8644.00

图 3-19　按优先级查看解决时间

按故障/问题（Incident/Problem）查看解决时间的结果，如图 3-20 所示。

	RESOLUTIONTIME N	RESOLUTIONTIME Mean
Incident/ Problem		
Incident	1117	47.54
Problem	497	79.22
Request	176	48.70

图 3-20　按故障/问题查看解决时间

3.5.6　执行分析

本案例无须执行更多分析，所以在此阶段创建项目数据集市即可。

要创建最终的项目数据集市，应执行以下数据操作。

❑　由于所有案例都仅涉及亚太地区，因此可删除 Geography 字段。

❑　删除服务请求状态，因为所有状态均已关闭。

❑　删除 SR Open Date，因为它已经用于计算 y 变量。

❑　删除 SR Closed Date，因为它已经用于计算 y 变量。

❑ 将 TypeOfEngagement、Incident/Problem、SRPriority、Product、Country 转换为数字字段（虚拟变量和派生变量）。

删除变量（字段）的操作如下。

```
DATA WORK.CS4 (DROP=Geography ServiceRequestStatus 'SR OPEN DATE'n
'sr close date'n);
set work.cs3; RUN;
```

结果如图 3-21 所示。

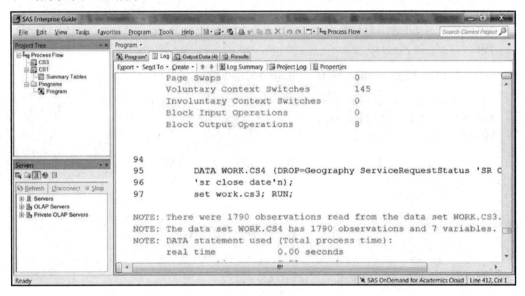

图 3-21　删除变量

提示：

使用数组可以在 SAS 中创建虚拟变量（Dummy Variables）。

SAS 数组是临时标识一组变量以在数据步骤内进行处理的便捷方式。一旦定义了数组，就可以对一系列相关变量（即数组元素）执行相同的任务。

```
DATA WORK.CS5(DROP = i);
    SET WORK.CS4;
ARRAY A {*}  COUNTRY COUNTRY1-COUNTRY18;
DO i = 1 TO 18;
    A(i) = (COUNTRY=i);
END;
```

```
PROC FREQ DATA=CS5;
    TABLE COUNTRY1-COUNTRY18;
RUN;
```

最后要执行以下操作。

（1）为其余变量创建虚拟变量。

（2）对于 SR Priority 字段，可使用以下代码。

```
DATA WORK.NewDataFileName;
SET WORK.OldDataFileName;
PRIORITY = SUBSTRN('SR PRIORITY'n,1,1);
RUN;
```

（3）使用以下代码删除已创建了虚拟变量的变量。

```
DATA WORK.NewDataFileName(Drop= Var1 Var2 ... Varn);
SET WORK.OldDataFileName;
RUN;
```

（4）选择 File（文件）| Export（导出）命令，将项目数据集市（Project Datamart）保存在桌面上。

3.6　R 案例研究 1

现在来看一看如何使用 R 执行 DCOVA&I 过程。

3.6.1　问题陈述

一家 IT 支持服务（IT-Enabled Services，ITES）公司希望了解其与客户服务请求相关的数据。这些要求与公司生产的特定产品有关。请求可以分为 3 个优先级：低、中和高。每个优先级都有一个不同的服务级别协议（Service Level Agreement，SLA）。

数据包含以下字段。

❑　ServiceRequestNo：这是系统上记录的每个服务请求的唯一 ID。

❑　ServiceRequestStatus：这是从某个日期开始的服务请求的状态。

❑　TypeOfEngagement：这是公司为客户所做的工作的类型。

❑　Incident/Problem：这指定服务请求是否有问题。

❑　SR Priority：这是服务请求的优先级。

- ❑ SR Open Date：这是在系统中记录的服务请求的日期。
- ❑ SR Close Date：这是系统中服务请求关闭的日期。
- ❑ Product：这是为其提出服务请求的产品的名称。
- ❑ Geography：这是客户所属的地理区域。
- ❑ Country：这是客户所属的国家/地区。

3.6.2　导入数据

首先需要设置包含案例研究 1 数据目录的路径。

```
setwd("H:/springer book/Case study")
```

🖐提示：

可以使用正斜杠或两个反斜杠来设置 R 中目录或文件的路径。

然后导入数据。

```
cs1 <- read.table("H:/springer book/Case study/CaseStudy1.csv",
header=TRUE, sep=",")
```

结果如图 3-22 所示。

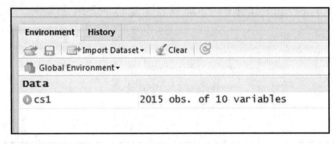

图 3-22　导入数据

🖐提示：

另一种导入数据的方法是选择 Tools（工具）| Import Data（导入数据）命令，打开
Import Wizard（导入向导）对话框，可以使用该向导将数据导入 R。

3.6.3　查看数据

显示数据的前 10 条记录，以查看该数据集的大致外观。

```
head(cs1, n=10)
```

结果如图 3-23 所示。

```
  ServiceRequestNo ServiceRequestStatus TypeOfEnagagement Incident..Problem
1             1001               Closed           Project          Incident
2             1002               Closed           Project          Incident
3             1003               Closed          Contract           Problem
4             1004               Closed          Contract          Incident
5             1005               Closed          Contract           Problem
6             1006               Closed          Contract           Problem
7             1007               Closed          Contract          Incident
8             1008               Closed          Contract          Incident
9             1009               Closed          Contract          Incident
10            1010               Closed          Contract          Incident
   SR.Priority SR.Open.Date SR.Close.Date Product     Geography   Country
1       2-High       2-Jan-14      1-Mar-14     APC Asia-Pacific  Thailand
2       2-High       2-Jan-14      1-Mar-14     APC Asia-Pacific  Thailand
3       2-High      23-Jan-14     22-Oct-14     APC Asia-Pacific     Japan
4     3-Medium      24-Jan-14     24-Mar-14     APC Asia-Pacific Singapore
5     3-Medium      28-Jan-14     23-Apr-14     APC Asia-Pacific     India
6     3-Medium       5-Mar-14     22-Oct-14     APC Asia-Pacific     Japan
7       2-High       5-Mar-14      4-Apr-14     APC Asia-Pacific     Japan
8     3-Medium      25-Mar-14     30-May-14     APC Asia-Pacific Singapore
9       2-High      25-Mar-14      4-Apr-14     APC Asia-Pacific     Japan
10      2-High      25-Mar-14      4-Apr-14     APC Asia-Pacific     Japan
```

图 3-23　查看数据集的前 10 条记录

🔍 **提示：**

另一种查看数据的方法是双击在 Global Environment（全局环境）窗口中创建的数据集，可以在左上方的 Script Editor（脚本编辑器）窗格中看到该文件，如图 3-24 所示。

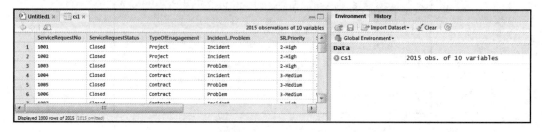

图 3-24　在脚本编辑器窗格中看到的文件

使用 str 了解一下数据集中的变量类型。

```
str(cs1)
```

结果如下。

```
> str(cs1)
'data.frame':             2015 obs. of  10 variables:
$ ServiceRequestNo    :    int 1001 1002 1003 1004 1005 1006 1007 1008 1009
                           1010 ...
```

```
$ ServiceRequestStatus :   Factor w/ 6 levels "Canceled","Closed",..: 2 2
                           2 2 2 2 2 2 2 2 ...
$ TypeOfEngagement     :   Factor w/ 5 levels "Billable","Contract",..: 4
                           4 2 2 2 2 2 2 2 ...
$ Incident..Problem    :   Factor w/ 3 levels "Incident","Problem",..: 1
                           1 2 1 2 2 1 1 1 ...
$ SR.Priority          :   Factor w/ 4 levels "1-Critical","2-High",..: 2
                           2 2 3 3 3 2 3 2 ...
$ SR.Open.Date         :   Factor w/ 368 levels "1-Apr-14","1-Apr-15",..:
                           142 142 190 204 253 315 315 219 219 219 ...
$ SR.Close.Date        :   Factor w/ 304 levels "","1-Apr-15",..: 7 7 143
                           161 145 143 240 232 240 240 ...
$ Product              :   Factor w/ 12 levels "AAM ","Adva",..: 3 3 3 3
                           3 3 3 3 3 ...
$ Geography            :   Factor w/ 1 level "Asia-Pacific": 1 1 1 1 1 1
                           1 1 1 ...
$ Country              :   Factor w/ 18 levels "Australia","Bangladesh",..:
                           16 16 7 14 5 7 7 14 7 7 ...
```

注意:

在 R 中，数据集称为数据帧（Data Frame）。

提示:

访问以下网站可以获取有关 R 编码的更多信息:

www.cookbook-r.com/Data_input_and_output/Loading_data_from_a_file

www.statmethods.net/input/importingdata.html

也可以使用 dim 了解一下维度（Dimension），即观察值和变量个数。

```
dim(cs1)
```

输出结果如下。

```
>dim(cs1)
[1] 2015    10
```

或者查看一下变量名称。

```
names(cs1)
```

输出结果如下。

```
> names(cs1)
 [1] "ServiceRequestNo"      "ServiceRequestStatus"  "TypeOfEngagement"
 [4] "Incident..Problem"     "SR.Priority"           "SR.Open.Date"
 [7] "SR.Close.Date"         "Product"               "Geography"
[10] "Country"
```

保存原始数据（cs1）的副本。

```
copysc1<-cs1
```

结果如图 3-25 所示。

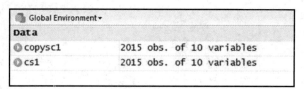

图 3-25　保存原始数据副本

📝 注意：

在 R 代码中可以互换使用 "=" 或 "<-"。

💡 提示：

如果是在 Script Editor（脚本编辑器）窗格而不是在 Console（控制台）区域中编写代码，则可以使用 Tab 键调用 R 中代码的自动完成功能。

💡 提示：

要在 Console（控制台）区域中获得代码帮助，可输入 help（函数名称），然后按 Enter 键，将在左下方窗格中打开相应的帮助信息。

💡 提示：

选择 Help（帮助）命令，也可以输入查询内容并获取帮助。

3.6.4　收集和组织数据

本案例在收集数据阶段无须执行操作，在组织和整理数据阶段的操作则是创建解决时间的 y 变量，它同样是 SR Open Date 和 SR Close Date 之间的差值。

```
> cs1$ResolutionTime<-cs1$SR.Close.Date-cs1$SR.Open.Date
```

其输出结果会出现警告消息，如下所示。

```
Warning message:
InOps.factor(cs1$SR.Close.Date, cs1$SR.Open.Date) :
  '-' not meaningful for factors
```

问答：这个错误是什么意思？

这意味着变量的格式是一个因子（Factor）。因子是分类变量（Categorical Variables），类似于 R 代码中的虚拟变量（Dummy Variables，也称为哑变量）。

分类变量的值是定性的，表现为互不相容的类别或属性。分类变量之间的减法是不受支持的，因此，上面的警告消息显示 '-' not meaningful for factors（对于因子来说，减号是无意义的）。

解决办法是什么？

可以将 SR.Close.Date 和 SR.Open.Date 的格式更改为数字。

在将这两个变量转换为数字并重新导入数据之前，先来看一下这两个变量的情况。

```
> cs1$SR.Close.Date<-as.Date(cs1$SR.Close.Date ,"%m/%d/%Y" )
> cs1$SR.Open.Date<-as.Date(cs1$SR.Open.Date ,"%m/%d/%Y" )
> str(cs1)
```

其输出结果如下。

```
> str(cs1)
'data.frame':         2015 obs. of  11 variables:
$ ServiceRequestNo   :int  1001 1002 1003 1004 1005 1006 1007 1008 1009
                      1010 ...
$ ServiceRequestStatus:Factor w/ 6 levels "Canceled","Closed",..: 2 2 2
                      2 2 2 2 2 2 ...
$ TypeOfEngagement   :Factor w/ 5 levels "Billable","Contract",..: 4 4 2
                      2 2 2 2 2 2...
$ Incident..Problem  :Factor w/ 3 levels "Incident","Problem",..: 1 1 2
                      1 2 2 1 1 1 ...
$ SR.Priority        :Factor w/ 4 levels "1-Critical","2-High",..: 2 2 2
                      3 3 3 2 3 2 2 ...
$ SR.Open.Date       :Date, format: NA NA ...
$ SR.Close.Date      :Date, format: NA NA ...
$ Product            :Factor w/ 12 levels "AAM ","Adva",..: 3 3 3 3 3 3
                      3 3 3 ...
$ Geography          :Factor w/ 1 level "Asia-Pacific": 1 1 1 1 1 1 1 1
                      1 1 ...
$ Country            :Factor w/ 18 levels "Australia", "Bangladesh",..:
```

```
                        16 16 7 14 5 7 7 14 7 7 ...
$ ResolutionTime     :logi NA NA NA NA NA NA ...
```

✎ 提示：

R 中包含以下数据类型。

❑ Numeric：小数。

❑ Integer：整数，无分数/小数的数字。

❑ Complex：复数，是以 $a + b\mathrm{i}$ 形式表示的数字，其中 a 和 b 是实数，i 是虚数单位，满足等式 $\mathrm{i}^2 = -1$。

❑ Logical：逻辑值（True/False）。

❑ Character：字符串值。

❑ Vector：矢量是相同基本数据类型的数据元素（一般为数字）的序列。矢量中的成员称为分量（Component）。

❑ Matrix：矩阵是按二维矩形布局排列的数据元素的集合。

❑ List：列表是包含数字、非数字和其他对象的广义上的矢量。

❑ DataFrame：数据帧是表或二维数组状结构，其中每一列包含一个变量的度量，每一行包含一个案例。

注意：DataFrame 是 Excel 的数据表。

重新导入数据。现在我们已经将 SR.Open.Date 和 SR.Close.Date 两列格式化为数字值。

```
> setwd("H:/springer book/Case study")
> cs1 <- read.table("H:/springer book/Case study/CaseStudy1.csv", header=
TRUE,sep=",",stringsAsFactors=FALSE)
> str(cs1)
```

输出结果如下。

```
> str(cs1)
'data.frame':            2015 obs. of  10 variables:
$ ServiceRequestNo    : int  2090 2863 1517 2864 2865 2866 2022 2061 2954
                             2996 ...
$ ServiceRequestStatus : chr  "Closed" "Closed" "Closed" "Closed" ...
$ TypeOfEngagement    : chr  "Project" "Contract" "Project" "No Charge
                             Support" ...
$ Incident..Problem   : chr  "Incident" "Problem" "Problem" "Request
                             for Fulfillment" ...
$ SR.Priority         : chr  "3-Medium" "3-Medium" "3-Medium"
                             "3-Medium" ...
```

```
$ SR.Open.Date          :  num  41647 41655 41649 41666 41666 ...
$ SR.Close.Date         :  num  41648 41659 41663 41667 41667 ...
$ Product               :  chr  "Oper" "Busi" "AAM " "Busi" ...
$ Geography             :  chr  "Asia-Pacific" "Asia-Pacific" "Asia-
                                 Pacific" "Asia-Pacific" ...
$ Country               :  chr  "Australia" "India" "New Zealand" "India" ...
```

可以看到，SR.Open.Date 和 SR.Close.Date 的值已经变成了数字值。

执行 cs1$SR.Close.Date-cs1$SR.Open.Date 差值的计算。

```
> cs1$ResolutionTime<-cs1$SR.Close.Date-cs1$SR.Open.Date

> View(cs1$ResolutionTime)
```

其输出如图 3-26 所示。

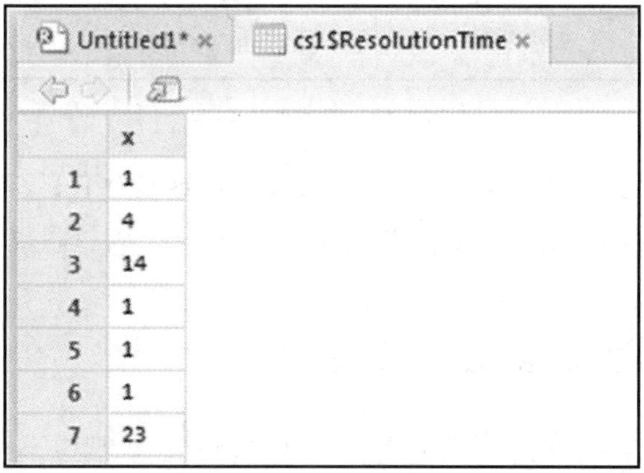

	x
1	1
2	4
3	14
4	1
5	1
6	1
7	23

图 3-26　cs1$SR.Close.Date-cs1$SR.Open.Date 差值计算结果

可以看到，我们已经计算出解决问题的时间（以天为单位）。

了解 y 变量的分布。

```
> d <- density(na.omit(cs1$ResolutionTime))
> plot(d)
```

提示：

na.omit 有助于省略缺失的值。

其输出如图 3-27 所示。

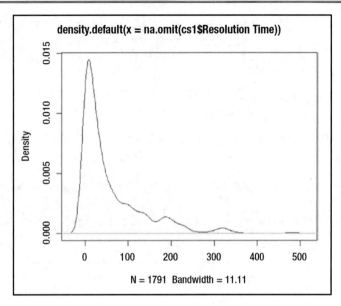

图 3-27　y 变量的分布

现在来查看 y 变量的单变量分析。首先安装 pastecs 软件包。

```
install.packages('pastecs')
```

输出如下。

```
> install.packages('pastecs')

Installing package into 'C:/Users/Subhashini/Documents/R/win-library/3.1'
(as 'lib' is unspecified)
trying URL 'http://cran.rstudio.com/bin/windows/contrib/3.1/
pastecs_1.3-18.zip' Content type 'application/zip' length 1636168 bytes
(1.6 MB)
opened URL
downloaded 1.6 MB
```

```
package 'pastecs' successfully unpacked and MD5 sums checked
```

下载二进制软件包，可访问：

C:\Users\Subhashini\AppData\Local\Temp\RtmpuqEEvG\downloaded_packages

载入 pastecs 库。

```
library(pastecs)
```

输出如下。

```
> library(pastecs)
Loading required package: boot
```

执行描述性统计。

stat.desc(cs1$ResolutionTime)

其输出如下。

```
> stat.desc(cs1$ResolutionTime)
      nbr.val        nbr.null         nbr.na             min             max
 1.791000e+03    1.720000e+02   2.240000e+02    0.000000e+00    4.840000e+02
        range             sum         median            mean         SE.mean
 4.840000e+02    1.010490e+05   2.800000e+01    5.642044e+01    1.679654e+00
 CI.mean.0.95             var        std.dev        coef.var
 3.294289e+00    5.052837e+03   7.108331e+01    1.259886e+00
```

📝 **注意：**
要将输出更改为易于理解的格式，更改显示的格式。

💡 **提示：**
R 中的软件包是一套已经编写好的代码，可以简化某些统计过程或创建某些格式的可视化效果和输出。

要查看所有统计信息，设置以下选项。

```
> options(scipen=100)
> options(digits=2)
```

现在运行描述性统计。

stat.desc(cs1$ResolutionTime)

结果如下。

```
> stat.desc(cs1$ResolutionTime)
    nbr.val     nbr.null      nbr.na         min         max       range
     1791.0        172.0       224.0         0.0       484.0       484.0
        sum       median        mean     SE.mean CI.mean.0.95         var
   101049.0         28.0        56.4         1.7         3.3      5052.8
    std.dev     coef.var
       71.1          1.3
```

如果只需要描述性统计信息，例如 min、max 和 std.dev，则可以添加以下选项：

```
stat.desc(cs1$ResolutionTime, basic=F)
```

其输出如下。

```
> stat.desc(cs1$ResolutionTime, basic=F)
     median        mean     SE.mean  CI.mean.0.95         var     std.dev
       28.0        56.4         1.7           3.3      5052.8        71.1
   coef.var    coef.var
        1.3         1.3
```

如果只需要基本统计信息，例如观测值的数目和缺失值的数目，则可以使用以下命令：

```
stat.desc(cs1$ResolutionTime, desc=F)
```

其输出如下。

```
> stat.desc(cs1$ResolutionTime, desc=F)
  nbr.val     nbr.null      nbr.na         min         max       range         sum
     1791          172         224           0         484         484      101049
```

删除缺失 y 的观察值。

```
Nbr.null = 172
Nbr.na = 224（其中包含了 Nbr.null = 172）
```

因此，要删除的观测总数为 Nbr.na = 224。

```
> cs2<-cs1[!is.na(cs1$ResolutionTime),]
```

其输出如图 3-28 所示。

Data		
cs1	2015 obs. of 11 variables	
cs2	1791 obs. of 11 variables	

图 3-28　删除缺失 y 的观察值

可以看到，cs2 数据集比 cs1 少了 224 个观察值（2015-1791=224），这正是删除了缺失 y 值的记录之后的结果。

提示：

为什么用 na 删除观测值？由于 y 是自变量，并且本示例有足够的数据（超过 500 个观测值），因此可以选择使用仅存在 y 的观测值。

3.6.5　可视化

现在执行一些可视化处理，以更好地理解数据。

首先需要安装一组新的软件包，以帮助创建表格和图表。

```
install.packages('gmodels')
```

输出如卜。

```
> install.packages('gmodels')

Installing package into 'C:/Users/Subhashini/Documents/R/win-library/3.1'
(as 'lib' is unspecified)
trying URL 'http://cran.rstudio.com/bin/windows/contrib/3.1/
gmodels _2.16.2.zip'
Content type 'application/zip' length 73922 bytes (72 KB)
opened URL
downloaded 72 KB

package 'gmodels' successfully unpacked and MD5 sums checked
```

下载二进制软件包，可访问：

C:\Users\Subhashini\AppData\Local\Temp\RtmpuqEEvG\downloaded_packages

载入库并运行。

```
> library(gmodels)

> CrossTable(cs2$ServiceRequestStatus)
```

其输出如下。

```
  Cell Contents
|--------------------- |
|                    N |
|       N / Table Total |
|--------------------- |

Total Observations in Table:  1791

         | Canceled |  Closed  |
         |---------- |---------- |
         |        1 |    1790  |
```

```
|    0.001 |    0.999 |
|--------- |--------- |
```

需要删除状态为 Canceled（已取消）的案例。为什么？因为它只有 1 个，显然是一个离群值。此外，我们仅对已经关闭的案例计算解决时间。

```
> cs3 <-cs2[ which(cs2$ServiceRequestStatus=='Closed'),]
```

其输出如图 3-29 所示。

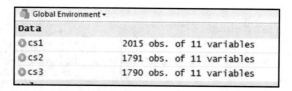

图 3-29　cs3 是删除离群值之后的结果

可以看到，cs3 和 cs2 相比，少了一个观察值（1791-1790=1），这正是删除了一个被取消的记录的结果。

现在来看 TypeOfEngagement 的频率表。

```
> mytable <- table(cs3$TypeOfEngagement)
```

其输出如下。

```
> mytable

      Billable       Contract  No Charge Support        Project
            43            489                 351            901
    Unverified
             6
```

现在来安装库（对于系统中已安装的软件包，只需使用 library 函数启动使用该软件包）。

```
> library(Lahman)
> library(plyr)

> Table1 <- ddply(cs3, "Incident..Problem", summarise, total =
mean(ResolutionTime))
```

其输出如下。

```
> Table1
      Incident..Problem total
1             Incident    48
```

```
2                    Problem     79
3 Request for Fulfillment       49
```

再来看一下产品表。

```
> Table2 <- ddply(cs3, "Product", summarise, total = mean(ResolutionTime))
```

其输出如下。

```
> Table2
   Product total
1      AAM     54
2     Adva    129
3      APC     77
4     Blen     21
5     Busi     50
6     DynA     24
7     Oper     69
8      PHD     82
9     Proc     20
10    Prod     21
11    Unsp     75
12     USD     46
```

现在可以对 Table2 进行排序以了解每种产品的贡献。

注意：

默认排序顺序是升序（Ascending）。要按降序（Descending）排序，则在变量前面添加一个减号（-）即可。

```
# 按 var1 的升序和 var2 的降序排序
> newdata <- olddata[order(var1, -var2),]
```

输出结果如下。

```
> names(Table2)
[1] "Product" "total"
```

生成新表并排序。

```
> Table2a <- Table2[order(Table2$total),]
```

输出结果如下。

```
> Table2a
   Product total
```

```
9    Proc    20
10   Prod    21
4    Blen    21
6    DynA    24
12   USD     46
5    Busi    50
1    AAM     54
7    Oper    69
11   Unsp    75
3    APC     77
8    PHD     82
2    Adva    129
```

现在来看一下地理区域的情况。

```
> Table3 <- ddply(cs3, "Geography", summarise, total = mean(ResolutionTime))
```

其输出如下。

```
> Table3
    Geography total
1 Asia-Pacific    56
```

提示：

考虑到所有案例均来自同一地区（亚太地区），没有变化，因此此字段实际上是多余的。

现在创建一个表来了解 Country 变量（对应国家/地区的分布）。

```
> Table4 <- ddply(cs3, "Country", summarise, total = mean(ResolutionTime))
```

其输出如下。

```
> Table4
             Country total
1          Australia  84.2
2         Bangladesh 125.7
3   Brunei Darussalam   8.0
4              China  54.2
5              India  47.7
6          Indonesia  78.0
7              Japan  55.4
8        Korea South  39.3
9           Malaysia  55.2
10       New Zealand  42.4
```

```
11              Oman    3.7
12   Papua New Guinea   74.1
13        Philippines   52.9
14          Singapore   64.1
15              Tonga   39.8
16           Thailand   43.5
17        Unspecified   68.9
18            Vietnam   23.2
```

现在按 total 值的降序对该表格进行排序。

```
> Table4a <- Table4[order(-Table2$total),]
```

其输出如下。

```
> Table4a
              Country total
2          Bangladesh 125.7
1           Australia  84.2
6           Indonesia  78.0
12   Papua New Guinea  74.1
17        Unspecified  68.9
14          Singapore  64.1
7               Japan  55.4
9            Malaysia  55.2
4               China  54.2
13        Philippines  52.9
5               India  47.7
16           Thailand  43.5
10        New Zealand  42.4
15              Tonga  39.8
8         Korea South  39.3
18            Vietnam  23.2
3    Brunei Darussalam   8.0
11               Oman   3.7
```

可以发现在不同国家/地区解决请求所需的平均时间差异很大。

现在创建一个表格来查看不同服务优先级的平均解决时间。

```
> Table5 <- ddply(cs3, "SR.Priority", summarise, total = mean(ResolutionTime))
```

其输出如下。

```
> Table5
  SR.Priority total
1  1-Critical    53
```

2	2-High	49
3	3-Medium	60
4	4-Low	64

该表揭示了一个很有趣的现象，优先级为 High（高）的请求的平均解决时间竟然少于优先级为 Critical（关键）的请求。

3.6.6　执行分析

本案例无须执行更多分析，所以在此阶段创建项目数据集市即可。

要创建最终项目数据集市，应执行以下数据操作。

❑　由于所有案例都仅涉及亚太地区，因此可以删除 Geography 字段。

❑　由于所有服务的请求状态均为 Closed（已关闭），因此可以删除 ServiceRequestStatus 字段。

❑　删除 SR Open Date，因为它已经用于计算 y 变量。

❑　删除 SR Close Date，因为它已经用于计算 y 变量。

❑　将 TypeOfEngagement、Incident.Problem、SR.Priority、Product、Country 转换为数字字段（虚拟变量和派生变量）。

首先删除 ServiceRequestStatus。

```
> cs3$ServiceRequestStatus<-NULL
```

结果如图 3-30 所示。

```
 cs3                  1790 obs. of 10 variables
```

图 3-30　可以看到 cs3 的变量数少了 1 个，从 11 个变成了 10 个

接着删除 SR Open Date。

```
> cs3$SR.Open.Date<-NULL
```

结果如图 3-31 所示。

```
 cs3                  1790 obs. of 9 variables
```

图 3-31　可以看到 cs3 的变量数少了 1 个，从 10 个变成了 9 个

继续删除 SR Close Date。

```
> cs3$SR.Close.Date<-NULL
```

结果如图 3-32 所示。

```
cs3                    1790 obs. of 8 variables
```

图 3-32　可以看到 cs3 的变量数少了 1 个，从 9 个变成了 8 个

删除 Geography 字段。

```
> cs3$Geography<-NULL
```

结果如图 3-33 所示。

```
cs3                    1790 obs. of 7 variables
```

图 3-33　可以看到 cs3 的变量数少了 1 个，从 8 个变成了 7 个

在 cs3 数据帧中创建虚拟变量（Dummy Variables）。

```
> for(level in unique(cs3$TypeOfEnagagement)){cs3[paste("dummy", level,
sep = "_")]<-ifelse(cs3$TypeOfEnagagement == level, 1, 0)}

> View(cs3)
```

结果如图 3-34 所示。

Incident..Problem	SR.Priority	Product	Country	ResolutionTime	dummy_Project	dummy_Contract
Request for Fulfillment	3-Medium	Busi	India	1	0	
Incident	3-Medium	Blen	India	23	1	
Incident	3-Medium	AAM	Singapore	7	0	

图 3-34　在 cs3 数据帧中创建的虚拟变量

继续执行以下操作：

```
> for(level in unique(cs3$Incident..Problem)){cs3[paste("dummy", level,
sep = "_")] <-ifelse(cs3$Incident..Problem == level, 1, 0)}

> for(level in unique(cs3$Product)){cs3[paste("dummy", level,
sep = "_")] <-ifelse(cs3$Product == level, 1, 0)}

> for(level in unique(cs3$Country)){cs3[paste("dummy", level,
sep = "_")] <-ifelse(cs3$Country == level, 1, 0)}
```

对于 SR.Priority，则需要提取字符串的第一个字符。

```
> cs3$Priority<- substring(cs3$SR.Priority, 1, 1)
```

可以看到，该操作的语法如下：

```
( syntax = substr(x, start, stop))
```

现在来查看一下 cs3 数据帧中的变量，这些变量以后将用作项目数据集市。

```
names (cs3)
```

其输出如下。

```
> names (cs3)
 [1]"ServiceRequestNo"              "TypeOfEnagagement"
 [3]"Incident..Problem"             "SR.Priority"
 [5]"Product"                       "Country"
 [7]"ResolutionTime"                "dummy_Project"
 [9]"dummy_Contract"                "dummy_No Charge Support"
[11]"dummy_Billable"                "dummy_Unverified"
[13]"dummy_Incident"                "dummy_Problem"
[15]"dummy_Request for Fulfillment" "dummy_Oper"
[17]"dummy_Busi"                    "dummy_AAM "
[19]"dummy_Blen"                    "dummy_Unsp"
[21]"dummy_PHD "                    "dummy_APC "
[23]"dummy_USD "                    "dummy_Adva"
[25]"dummy_Proc"                    "dummy_DynA"
[27]"dummy_Prod"                    "dummy_Australia"
[29]"dummy_India"                   "dummy_New Zealand"
[31]"dummy_Singapore"               "dummy_Japan"
[33]"dummy_Korea South"             "dummy_Thailand"
[35]"dummy_Tonga"                   "dummy_Malaysia"
[37]"dummy_Indonesia"               "dummy_Vietnam"
[39]"dummy_Philippines"             "dummy_Bangladesh"
[41]"dummy_Unspecified"             "dummy_China"
[43]"dummy_Brunei Darussalam"       "dummy_Papua New Guinea"
[45]"dummy_Oman"                    "Priority"
```

现在可以删除已经创建了虚拟变量和派生变量的原始变量。

```
> cs4<-subset(cs3, , -c(2:6))
```

结果如图 3-35 所示。

| cs3 | 1790 obs. of 46 variables |
| cs4 | 1790 obs. of 41 variables |

图 3-35　删除已经创建了虚拟变量和派生变量的原始变量

现在保存项目数据集市（cs4 文件）和其他文件，以备后用。

```
> save(cs3,file="H:/springer book/Case study/cs3.Rda")
```

```
> save(cs4,file="H:/springer book/Case study/cs4.Rda")
```

注意：

可以使用以下命令载入 R 数据文件：

```
load("path/data.Rda")
```

第 4 章　使用 SAS 和 R 发现有关数据的基本信息

本章将介绍如何发现有关数据的基本信息，并学习描述性统计、集中趋势的度量和散布的度量。为了实现本章的练习目的，我们将使用 SAS 和 R 生成此信息。

本章将讨论以下主题：

❑ 描述性统计的定义
❑ 案例研究

4.1　关于描述性统计

描述性统计（Descriptive Statistics）这一学科偏重于对数据的分析，顾名思义，它能够以有意义的方式帮助描述或总结数据。

由于对数据进行了汇总（总结），某些模式可能会从数据中出现。不过，需要注意的一点是，任何结论仅在现有或已使用的数据范围内得出。如果需要探索任何假设/推论，则该学科也不是很有效。

因此，描述性统计信息的重点是描述数据，并使你对与数据相关的重要统计信息有一定的了解。这是汇总行级和列级数据以查看数据外观的好方法。

描述性统计用于通过简单汇总样本和度量来描述其所研究的数据的基本特征。

一般来说，有以下两种类型的统计信息用于描述数据。

❑ 集中趋势的度量（Measures of Central Tendency）：这些是描述频率分布或数据表的中心位置的方法。

换句话说，如何才能了解哪个或哪些是最常见的值？该方法使用的统计信息包括众数（Mode）、中位数（Median）和平均值（Mean）等。

❑ 散布的度量（Measures of Dispersion）：当查看的数据是包含数百万行的电子表格时，如何发现数据的散布情况？

散布的度量可以通过汇总数据来描述数据的分布情况。该方法使用的统计信息包括范围（Range）、四分位数（Quartile）、偏差（Deviation）、方差（Variance）和标准偏差（Standard Deviation）。这些统计信息可以显示数据的散布情况。

"散布"这个词比较生僻，我们也可以理解为一个更简单的词汇：分布（Distribution）。

分布可以使你了解事物如何成组累积。例如，如果你有多枚硬币，则需要创建 Rs1、Rs2 和 Rs5 硬币组。你将拾取单枚硬币并将它们堆叠在相应的组中（壹分硬币放入 Rs1 组，贰分硬币放入 Rs2 硬币组，伍分硬币放入 Rs5 硬币组）。分布就是变量的单个值或值范围的频率/计数的汇总。在本示例中，变量有 3 个，即壹分硬币、贰分硬币和伍分硬币的数量。假设统计之后它们各有 100、240 和 390 枚，那么我们就得到了这一堆硬币的分布情况。

对于变量来说（通常为数据列），要统计其分布情况，可以首先显示所有数据值（行）或将其分组为类别，然后计算每个类别的频率。

描述性统计是样本（Sample）数据的函数，样本数据总是试图使分析人员了解数据的外观。所谓"样本"，就是代表整个数据的一小部分。整个数据称为总体（Population）。一般来说，需要处理一个月或几个月的数据，因此，它始终被称为样本。

描述性统计通常是单变量（Univariate）分析的一部分。如前文所述，这些描述性统计信息包括平均值（Mean）、最小值（Minimum）、最大值（Maximum）、标准差（Standard Deviation）、中位数（Median）、偏度（Skewness）和峰度（Kurtosis）等。

当分析人员对有关总体参数的假设进行推断时，将评估推论统计（Inferential Statistics）数据。在英语中，推理/推论（Inference）就是得出结论。通常需要事先对某个事件有一定的了解，才能对自己推断出的结论抱有信心。

推论统计通常包括 z 检验（z-Test）、t 检验（t-Test）等。使用推论统计时，得出的结论将不仅适用于当前数据，还应扩展到当前数据之外。这些概念将在后面的章节中介绍。

4.1.1　有关推论和描述统计的更多信息

当谈论任何统计数据时，无论是推论还是描述性的，其实都是在谈论整个总体。换句话说，就是企业或组织可能拥有的所有数据。

需要注意的是，任何统计（无论是推论统计还是描述性统计）都是针对样本数据执行的函数。换句话说，你可能针对找到的若干行数据使用它。对于样本数据使用哪些函数来执行描述性或推论统计，取决于分析人员使用该数据的目的。

当分析人员从一大袋稻米（总体）中取出一小杯稻米（样本）时，默认存在这样一个假设：如果小杯样品中的稻米具有某些属性（例如颗粒大小），则大袋里面余下的稻米也将具有相同的属性。

因此，在描述性统计中可以估算总体参数。例如，样本均值和样本标准差可提供总体参数的等效估计值。当然，这里有一个前提，即假设选择的数据是能够充分（Adequately）代表总体的样本。

那么，这个"充分"该如何定义呢？对"充分"的默认定义是"95%的置信度"。因此，如果有 95%的置信度（Confidence）说样本与总体相似，那么就可以继续进行分析了。Confidence 的英文本意是"信心"，让我们暂时将这个词放在一边，因为后面的章节还会重新讨论它。

在描述性统计信息（如最小值和最大值）中，也可以提供总体参数的类似信息。

表示描述性统计信息有以下两种常见方式。

❑　表格。

❑　图形。

4.1.2　表格和描述性统计

有序数组可按从小到大的顺序排列数字变量的值，这有助于分析师更好地了解数据中存在的值的范围，如图 4-1 所示。

序　　号	10 个客户的交易数量
1	201
2	210
3	219
4	228
5	237
6	246
7	255
8	264
9	273
10	282

图 4-1　有序数组

当数据集包含大量的值时，创建有序数组可能很困难。这需要将数据划分为多个段，也就是所谓的层段（Strata Segments）。因此，如果要为 10000 名学生中所有学生的年龄创建有序数组，则可以创建年龄段，例如小于 6 岁、6～10 岁、10～14 岁以及大于 14 岁，如图 4-2 所示。

创建有序数组时，可以使用以下命令。

❑　频率或百分比分布。

❑　累积频率或百分比分布。

学生总数 10000 名	
年龄段	学生人数
<6	1500
6～10	2000
10～14	2500
> 14	4000
总 计	10000

图 4-2　频率分布

4.1.3　关于频率分布

频率分布（Frequency Distribution）可通过将数值划分为一组有序数字的类别/组来汇总数值。这里的类别是指组（Groups）或段（Segments），也称为类间隔（Class Interval）。频率是要处理的项目的计数。每个数据点或观察值（Observation）只能属于一个类别，如图 4-2 所示。每个学生只能被计数一次，并且只能在该学生所属的年龄段（类别）中进行计数，如图 4-3 所示。

学生总数 10000 名				
年龄段	学生人数	百分比	累积频率	相对频率
<6	1500	15%	15%	0.15
6～10	2000	20%	35%	0.20
10～14	2500	25%	60%	0.25
>14	4000	40%	100%	0.40
总 计	10000	100%		

图 4-3　相对频率和累积频率

相对频率（Relative Frequency）是每个类别除以样本大小的频率。

累积频率分布（Cumulative Frequency Distribution）是低于给定层次的数据频率的汇总，它是样本大小的一部分。

累积频率图称为 Ogive 的线图，它可以显示累积频率的分布，如图 4-4 所示。

数据类型可以分为以下几种。

❑　数值数据（Numeric Data）：这是一种度量数据，如书的重量、高度或页数。一般来说，这种类型的数据可以使用小数值。

❑　分类数据（Categorical Data）：该数据代表诸如性别、状态、电影类型和城市名称之类的特征。分类数据也可以使用数值来区分，但是这些数字本身没有任何

数学意义。定性数据（Qualitative　Data）或是/否（Yes/No）之类的值也属于此
类型。

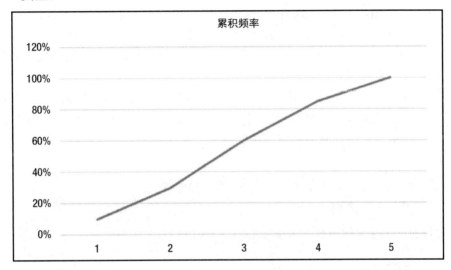

图 4-4　Ogive 图

- ❑　离散数据（数字）：表示可以使用整数计数的项目，如班上的学生人数或汽车
的数量。该类型不能使用任何小数值。
- ❑　连续数据（数字）：表示可以使用分数和整数计数的项目，如年龄和体重。该
类型可以使用小数值。

✎ 注意：

普通数据也有可能混合了数值和分类数据。也就是说，在分类数据中，表示这些类
别所使用的数字是有意义的。例如，客户服务反馈范围是 0～4 星，其中 0 代表最低，而
4 代表最高。

在组织数据的过程中，有时会发现数据中关系的模式。当然，可视化表示的类型通
常取决于以下内容。

- ❑　数据类型。
- ❑　目的或试图要找到答案的问题。
  - ➢　条形图/柱形图（垂直）：最适合比较 2～7 个分组的计数、总和或百分比。
    每个条形之间有空白间隔。条形图仅用于比较互斥的分类。
  - ➢　条形图（水平）：用于比较 8 个或 8 个以上分组中的数字。所有分类均应独
    立度量。

➢ 饼图：用于显示单个维度的不同分组。饼图的使用有一个条件，那就是所有分组加在一起应构成一个整体，也就是 100%。

➢ 折线图：折线图可以说明一段时间内的趋势，并可用于衡量统计数据的长期变化。只要时间保持一致，就可以在折线图上绘制多个变量。

➢ 散点图：用于描述变量的不同对象/度量在两个或 3 个不同维度上的分布。散点图在分析中经常使用。

➢ 直方图：可以由一系列高度不等的纵向条纹或线段表示数据分布的情况。一般用横轴表示数据类型，用纵轴表示分布情况。它们是条形图，条形之间没有任何间隔。直方图常用于描述变量的分布。

4.2　SAS 案例研究 2

本节将通过实际案例研究 2 来演示 DCOVA&I 过程。

4.2.1　问题陈述

Xenon 是一家互联网营销公司。它保存了与其客户有关的营销收入数据。它的大多数客户都按月份计划其营销预算。Xenon 希望更好地了解这些数据，想要创建一些表格和图表来从这些数据中获得一些见解（Insight）。

其数据的组成部分如下。

❑ Year：年份值。所有数据均属于 2014 年。

❑ Month：月份值。数据所属的月。

❑ Quarter：季度。所有数据均属于 2014 年第一季度至第三季度。

❑ Customer type：客户类型。划分为公司的新客户和老客户。

❑ Type of calling：客户与公司互动的方式，分为 Inbound 和 Outbound 两类。Inbound 指客户打入电话询问或请求服务，Outbound 指公司打电话给客户并与客户互动。

❑ Vertical：客户所属的行业。

❑ Monthly recurring revenue in INR：每月经常性收入。这是客户在特定月份支付给公司的金额。INR 指印度卢比。

以下是一般的解决方案流程。

（1）定义：客户希望创建表格和图表以更好地理解数据（描述性统计数据）。

（2）收集：获得本练习所需的所有数据，并对数据中存在的字段/变量有所了解。

（3）组织：此练习只需要对缺失值和离群值进行一些基本检查。

（4）可视化：必须创建表格和图形以表示/汇总数据。

（5）分析：不需要特殊的统计分析。

（6）见解：在可视化的基础上得出结论。

4.2.2　导入数据

准备要使用的工作目录，告诉系统用来存储数据的位置。

```
libname lib1 " /home/subhashini1/my_content "; run;
PROC CONTENTS data = lib1._ALL_ NODS;run;
```

结果如图 4-5 所示。

The CONTENTS Procedure

Directory	
Libref	LIB1
Engine	V9
Physical Name	/home/subhashini1/my_content
Filename	/home/subhashini1/my_content
Inode Number	10354689
Access Permission	rwxr-xr-x
Owner Name	subhashini1
File Size	4KB
File Size (bytes)	4096

#	Name	Member Type	File Size	Last Modified
1	CS1	DATA	384KB	08/10/2015 10:43:29
2	MARKET1	DATA	256KB	09/26/2015 02:30:26
3	MARKET3	DATA	256KB	09/26/2015 02:30:26

Page Break

图 4-5　指定目录

接下来需要导入数据。

```
# 导入数据
FILENAME REFFILE "/home/subhashini1/my_content/MarketingData.csv" TERMSTR=CR;
RUN;
/* 注释：我们已经将文件重命名为 REFILE，这样在 PROC IMPORT 步骤中就不必使用完整路径 */

PROC IMPORT DATAFILE=REFFILE
    DBMS=CSV
    OUT=WORK.MARKET1;
    GETNAMES=YES;
RUN;
```

分隔符的类型如下。

- ❑ 英文逗号（,）。
- ❑ 制表符（Tab）。
- ❑ 英文分号（;）。
- ❑ 管道符（|）。
- ❑ 脱字号（^）。

4.2.3　查看数据

现在了解一下数据集的维度以及工作目录中临时 SAS 文件中的数据类型。PROC CONTENTS 是初步了解数据大小的最常用的过程（Procedure）之一。

```
PROC CONTENTS DATA=WORK.MARKET1; RUN;
```

结果如图 4-6 所示。

图 4-6　查看数据集维度

✎ 注意：

PROC CONTENTS 可以一次性获得数据集的详细信息。如果数据变量具有标签、说明或定义，则它们也将显示在 PROC CONTENTS 输出中。

将 SAS 数据集保存到永久目录中（下次可以加载此数据集而不是 CSV 数据集）。

```
DATA LIB1.MARKET1;
SET WORK.MARKET1; RUN;
```

注意：

对于不需要输出的步骤，可以在 Log（日志）选项卡上验证执行。

Log（日志）选项卡的内容如下。

```
47         DATA LIB1.MARKET1;
48         SET WORK.MARKET1; RUN;

NOTE: There were 587 observations read from the data set WORK.MARKET1.
NOTE: The data set LIB1.MARKET1 has 587 observations and 7 variables.
NOTE: DATA statement used (Total process time):
      real time       0.05 seconds
      user cpu time 0.01 seconds
# 检查确认文件已经保存

PROC CONTENTS data = lib1._ALL_ NODS;run;
```

结果如图 4-7 所示。

	The CONTENTS Procedure		

	Directory		
Libref	LIB1		
Engine	V9		
Physical Name	/home/subhashini1/my_content		
Filename	/home/subhashini1/my_content		
Inode Number	10354689		
Access Permission	rwxr-xr-x		
Owner Name	subhashini1		
File Size	4KB		
File Size (bytes)	4096		

#	Name	Member Type	File Size	Last Modified
1	CS1	DATA	384KB	08/10/2015 10:43:29
2	MARKET1	DATA	256KB	11/16/2015 12:14:12
3	MARKET3	DATA	256KB	09/26/2015 02:30:26

图 4-7 检查确认文件已经保存

现在可以汇总经常性收入。

```
# 经常性收入汇总

PROC UNIVARIATE DATA=WORK.MARKET1;
VAR 'Monthly Reccuring Revenue in INR'n; RUN;
```

✎ 注意：

变量名末尾的 n 表示 SAS 忽略了变量名中的空白。如前文所述，SAS 不会理解空格和任何其他特殊字符，例如百分比（%）、冒号（:）和分号（;）等。它会将空格和其他特殊字符理解为下画线（_）。

4.2.4　关于单变量过程

本小节将解释单变量过程（Univariate Procedure）的输出结果。我们将讨论的输出如表 4-1 所示。

表 4-1　单变量过程的输出

Variable: Monthly Recurring Revenue in INR

Moments

N	586	Sum Weights	586
Mean	347768.848	Sum Observations	203792545
Std Deviation	2701402.67	Variance	7.30E+12
Skewness	13.6490561	Kurtosis	207.858855
Uncorrected SS	4.34 E+15	Corrected SS	4.27E+15
Coeff Variation	776.781097	Std Error Mean	111593.916

Basic Statistical Measures

Location		Variability	
Mean	347768.8	Std Deviation	2701403
Median	4506	Variance	7.30E+12
Mode	0	Range	46132500
		Interquartile Range	12955

Tests for Location: Mu0=0

Test	Statistic		p Value	
Student's	t	3.116378	Pr > |t|	0.0019
Sign	M	272	Pr >= |M|	<.0001
Signed Rank	S	74120	Pr >= |S|	<.0001

Quantiles (Definition 5)

Level	Quantile
100% Max	46132500
99%	7152825
95%	520200

续表

90%	188340				
75% Q3	14500				
50% Median	4506				
25% Q1	1545				
10%	500				
5%	0				
1%	0				
0% Min	0				

Extreme Observations

Lowest		Highest			
Value	Obs	Value	Obs		
0	576	7789950	316		
0	576	7789950	316		
0	569	13000000	298		
0	546	16275000	248		
0	545	38000000	63		
0	544	46132500	559		

Missing Values

Missing Value	Count	Percent Of All Obs	Missing Obs
	1	0.17	100

根据上面的输出结果，可以做出如下推论（Inference）。

❑　至少 5%的值是 0，可以从分析中删除这些值。

❑　有一个缺失值（Missing Value），可以从数据集中删除此观察值。

现在来仔细研究一下该输出。Moments 是标题，并说明描述性统计信息，包括平均值、中位数、众数和范围等。

❑　N：这是观察值的计数（变量下的数据行）。

❑　Mean（平均值）：这是数字变量的平均值，是算术平均值。

❑　Std Deviation（标准偏差）：这是方差的平方根。

❑　Skewness（偏度）：这是对称的，表明在均值的任一侧上是否还有其他值。如果值是平均划分的，则偏度为 0。

❑　Uncorrected SS（未校正的 SS）：此值是平方和（Sum of Squares）。

❑　Coeff Variation（系数变异）：这是衡量变异性的另一种方法。

❑ Sum Weights（权重总和）：默认值为 1。如果将变量的权重指定为更高（即该变量比其他变量更重要），则可以在这里指定值。

❑ Sum Observations（观察总和）：这是权重与变量值的总和。

❑ Variance（方差）：这反映了平均值的可变性。

❑ Kurtosis（峰度）：峰度衡量数据分布的平坦度（Flatness）。尾部大的数据分布，其峰度值较大。换句话说，它显示了正态分布峰的平坦度。

❑ Corrected SS（校正后的 SS）：这是值与平均值之间的距离的平方和。

❑ Std Error Mean（标准误差平均值）：这表示样本平均值与总体的标准偏差。

基本描述性统计信息可以告诉有关数据的一些初始信息，它在 Basic Statistical Measures（基本统计度量）这一部分中。

❑ Mean（平均值）：这是算术平均值。

❑ Median（中位数）：这是中间值。可以按升序/降序对数据进行排序，然后选择在中间的值。

❑ Mode（众数）：这是出现次数最多、最常见的值。

❑ Std Deviation（标准偏差）：这是方差的平方根。

❑ Variance（方差）：方差是值与平均值之间距离的平方。正值和负值在这里以总计表示，因为当负数平方时，它也会变成正数。对于方差来说，数字看起来很大，因为它们是平方值。

❑ Range（范围）：最小值和最大值定义范围。

❑ Interquartile range（四分位数间距）：这是两个四分位数之间的差。四分位数的计算方法与中位数相同，对数据进行排序并选择 25%、50% 和 75% 的值。

接下来的是 Univariate（单变量）输出部分，它包括位置测试。

❑ Student's t：这检验了总体均值为 0 的假设。

✎ 提示：

Student's t（Student t 检验）用 t 分布理论来推论差异发生的概率，从而比较两个平均数的差异是否显著。其发明者 Gosset 当时在一家啤酒公司工作，因受公司限制不方便使用本名发表其研究，所以使用了 Student 作为笔名，这也是这个略显怪异的名称的由来。

假设检验（Hypothesis Testing）在后面的章节中还会有介绍。

❑ Sign（符号检验）：这是对中位数的假设检验。

❑ Signed Rank（符号秩检验）：这是 Wilcoxon 检验。许多检验都是以首先使用它们的数学家的名字命名的。Wilcoxon 中文译名为"威尔科克森"。不同检验的差别在于计算过程或方法上。该检验针对的是中位数为 0 的假设。

　　接下来是 Quantiles（分位数）部分的输出。分位数的意思不言自明，因为它在排序输出变量后给出了百分位数的值。

　　这一部分的功能如下。

❑　　查找离群值（极值）。

❑　　对变量进行分组或合并，因为可以看到哪些值可用于创建合并。

4.2.5　收集和组织数据

　　本案例的收集阶段无须执行任何操作。

　　在组织和整理数据阶段，需要处理缺失值。如前文所述，处理缺失值是 DCOVA&I 框架中组织（Organize）操作的重要组成部分。

```
/* 删除每月经常性收入中的缺失值 */
DATA WORK.MARKET2;
SET WORK.MARKET1;
IF 'Monthly Reccuring Revenue in INR'n = . THEN DELETE; RUN;
Log shows:-
NOTE: There were 587 observations read from the data set WORK.MARKET1.
NOTE: The data set WORK.MARKET2 has 586 observations and 7 variables.

/* 删除每月经常性收入中的 0 值 */
DATA WORK.MARKET2;
SET WORK.MARKET2;
IF 'Monthly Reccuring Revenue in INR'n = 0 THEN DELETE; RUN;
Log shows:-
NOTE: There were 544 observations read from the data set WORK.MARKET2.
NOTE: The data set WORK.MARKET2 has 544 observations and 7 variables.
# 创建频率表

/* 频率表 */

PROC SORT DATA =  WORK.MARKET2;
BY CustomerType; RUN;
PROC FREQ DATA=WORK.MARKET2;
    TABLES CustomerType; RUN;
```

📝 问答：为什么在使用频率之前需要先对数据进行排序？

　　这样做是为了避免在创建频率表时耗尽内存。如果所有特定类型的值都非常接近，则频率过程可以使用较少的内存来处理数据集。

　　结果如图 4-8 所示。

The FREQ Procedure				
CustomerType	Frequency	Percent	Cumulative Frequency	Cumulative Percent
0	77	14.15	77	14.15
Existing Customer	188	34.56	265	48.71
New Customer	279	51.29	544	100

图 4-8　使用频率过程创建频率表

PROC FREQ 的选项如下：

```
proc freq;
by variables;
exact statistic-options < / computation-options>;
output options;
tables requests < /options>;
test options;
weight variable;
```

对这些选项的解释如下。

- ❑ by：为每个 by 分组计算单独的频率表或交叉表。
- ❑ exact：要求对指定统计信息进行精确检验。
- ❑ output：创建包含指定统计信息的输出数据集。
- ❑ tables：指定频率表或交叉表，并请求测试和关联度量。
- ❑ test：要求进行渐近检验（Asymptotic Test），以测量关联度和一致性。
- ❑ weight：标识一个变量，该变量的值会加权每个观察值。

现在再次运行，来看一下 TABLES 选项。

```
PROC FREQ DATA=WORK.MARKET2;
TABLES CustomerType*Vertical; RUN;
```

结果如图 4-9 所示。

The FREQ Procedure

Table of CustomerType by Vertical

CustomerType		Vertical: 0	Automotive	Business Services	Consumer Goods	Consumer Services	Education	Energy & Utilities	Financial Services	Foundation-Not for Profit	Gaming	High Technology	Hotel & Travel	Manufacturing	Media & Entertainment	Miscellaneous	Not Defined	Pharma Health Care
0	Frequency	0	0	10	2	0	1	0	6	0	8	15	4	4	12	1	0	[illegible]
	Percent	0	0	1.84	0.37	0	0.18	0	1.1	0	1.47	2.76	0.74	0.74	2.21	0.18	0	0.18
	Row Pct	0	0	12.99	2.6	0	1.3	0	7.79	0	10.39	19.48	5.19	5.19	15.58	1.3	0	1.3
	Col Pct	0	0	21.74	10.53	0	16.67	0	13.64	0	20.51	23.08	22.22	18.18	10	25	0	12.5
Existing Customer	Frequency	0	3	11	4	0	1	1	20	0	6	20	9	5	39	1	0	[illegible]
	Percent	0	0.55	2.02	0.74	0	0.18	0.18	3.68	0	1.1	3.68	1.65	0.92	7.17	0.18	0	0.55
	Row Pct	0	1.6	5.85	2.13	0	0.53	0.53	10.64	0	3.19	10.64	4.79	2.66	20.74	0.53	0	1.6
	Col Pct	0	75	23.91	21.05	0	16.67	100	45.45	0	15.38	30.77	50	22.73	32.5	25	0	37.5
New Customer	Frequency	2	1	25	13	2	4	0	18	4	25	30	5	13	69	2	1	[illegible]
	Percent	0.37	0.18	4.6	2.39	0.37	0.74	0	3.31	0.74	4.6	5.51	0.92	2.39	12.68	0.37	0.18	0.74
	Row Pct	0.72	0.36	8.96	4.66	0.72	1.43	0	6.45	1.43	8.96	10.75	1.79	4.66	24.73	0.72	0.36	1.43
	Col Pct	100	25	54.35	68.42	100	66.67	0	40.91	100	64.1	46.15	27.78	59.09	57.5	50	100	50
Total	Frequency	2	4	46	19	2	6	1	44	4	39	65	18	22	120	4	1	[illegible]
	Percent	0.37	0.74	8.46	3.49	0.37	1.1	0.18	8.09	0.74	7.17	11.95	3.31	4.04	22.06	0.74	0.18	1.42

图 4-9　创建表

```
/* 该表的输出太多，例如 Row Pct、Col Pct 等 */

PROC FREQ DATA=WORK.MARKET2;
TABLES Vertical*CustomerType/norow nocol nopercent; RUN;

# 对输出的表进行排序，使其更容易理解

PROC FREQ DATA=WORK.MARKET2 ORDER=FREQ;
 TABLES Vertical*CustomerType/norow nocol nopercent; RUN;
```

结果如图 4-10 所示。

The FREQ Procedure					
Table of Vertical by CustomerType					
		CustomerType			
		0	Existing Customer	New Customer	Total
Vertical					
0	Frequency	0	0	2	2
Automotive	Frequency	0	3	1	4
Business Services	Frequency	10	11	25	46
Consumer Goods	Frequency	2	4	13	19
Consumer Services	Frequency	0	0	2	2
Education	Frequency	1	1	4	6
Energy & Utilities	Frequency	0	1	0	1
Financial Services	Frequency	6	20	18	44
Foundation-Not for Profit	Frequency	0	0	4	4
Gaming	Frequency	8	6	25	39
High Technology	Frequency	15	20	30	65
Hotel & Travel	Frequency	4	9	5	18
Manufacturing	Frequency	4	5	13	22
Media & Entertainment	Frequency	12	39	69	120
Miscellaneous	Frequency	1	1	2	4
Not Defined	Frequency	0	0	1	1
Pharma/Health Care	Frequency	1	3	4	8
Public Sector	Frequency	1	11	17	29
Retail	Frequency	10	53	33	96
Software as a Service	Frequency	2	1	11	14
Total	Frequency	77	188	279	544

图 4-10　排序之后的输出

ORDER=FREQ 选项可以根据指定的顺序对频率和交叉表变量的值进行排序，其中：

❑　DATA：根据输入数据集中的顺序对值进行排序。

❑　FORMATTED：按格式化值进行排序。

❑　FREQ：按降序频率计数对值进行排序。

❑　INTERNAL：按未格式化的值进行排序。

编写以下代码即可创建在变量下分组的频率/计数表：

```
# Verticals 的频率表

PROC FREQ DATA=WORK.MARKET2 ORDER=FREQ;
TABLES Vertical/norow nocol; RUN;
```

该代码创建了一个表，在其中可以查看以下内容。

❑　每个变量下的频率或计数。

❑　每个分组对整体的贡献百分比。

❑　累计频率计数。

❑　累积百分比，即分组的频率百分比。

其输出如表 4-2 所示。

表 4-2　频率表输出

Vertical	Frequency	Percent	Cumulative Frequency	Cumulative Percent
Media & Entertainment	120	22.06	120	22.06
Retail	96	17.65	216	39.71
High Technology	65	11.95	281	51.65
Business Services	46	8.46	327	60.11
Financial Services	44	8.09	371	68.20
Gaming	39	7.17	410	75.37
Public Sector	29	5.33	439	80.70
Manufacturing	22	4.04	461	84.74
Consumer Goods	19	3.49	480	88.24
Hotel & Travel	18	3.31	498	91.54
Software as a Service	14	2.57	512	94.12
Pharma/Health Care	8	1.47	520	95.59

续表

Vertical	Frequency	Percent	Cumulative Frequency	Cumulative Percent
Education	6	1.10	526	96.69
Automotive	4	0.74	530	97.43
Foundation-Not for Profit	4	0.74	534	98.16
Miscellaneous	4	0.74	538	98.90
0	2	0.37	540	99.26
Consumer Services	2	0.37	542	99.63
Energy & Utilities	1	0.18	543	99.82
Not Defined	1	0.18	544	100.00

可以看到，该数据集中列出的 Verticals（垂直行业）过多。它们中的大多数对数据集的贡献不足 5%，如表 4-2 所示。除前四名外，其他所有垂直行业都可以合并在一起。现在我们就来创建一个新变量 NEWVAR 以执行该操作。

```
DATA WORK.MARKET3;
SET WORK.MARKET2;
IF VERTICAL = "Media & Entertainment" THEN NEWVAR=1;
ELSE IF VERTICAL = "Retail" THEN NEWVAR=2;
ELSE IF VERTICAL = "High Technology" THEN NEWVAR=3;
ELSE IF VERTICAL = "Business Services" THEN NEWVAR=4;
ELSE NEWVAR=0;
RUN;

PROC FREQ DATA=WORK.MARKET3;
TABLES NEWVAR ; RUN;
```

其输出如表 4-3 所示。

表 4-3　NEWVAR 的输出

NEWVAR	Frequency	Percent	Cumulative Frequency	Cumulative Percent
0	217	39.89	217	39.89
1	120	22.06	337	61.95
2	96	17.65	433	79.60
3	65	11.95	498	91.54
4	46	8.46	544	100.00

4.2.6　可视化

现在可以创建一些表和图形以了解有关每月经常性收入（Monthly Reccuring Revenue，MRR）连续变量的数据。

可以使用均值过程来获取变量和变量中分组的数值汇总。

```
PROC MEANS DATA=WORK.MARKET3;
VAR 'Monthly Reccuring Revenue in INR'n; RUN;
```

结果如图 4-11 所示。

Analysis Variable : Monthly Reccuring Revenue in INR				
N	Mean	Std Dev	Minimum	Maximum
544	374618.65	2802133.63	53.0000000	46132500.00

图 4-11　查看每月经常性收入的情况

🖐提示：

每月经常性收入的值非常大。因此，可以将其值除以 1000，以获得可以轻松解释的数字。

创建一个新变量来表示每月经常性收入/1000（以千为单位）的值。

```
DATA WORK.MARKET3;
SET WORK.MARKET3;
MRR_THOU= 'Monthly Reccuring Revenue in INR'n/1000; RUN;

PROC MEANS DATA=WORK.MARKET3;
VAR MRR_THOU; RUN;
```

结果如图 4-12 所示。

Analysis Variable : MRR_THOU				
N	Mean	Std Dev	Minimum	Maximum
544	374.6186489	2802.13	0.0530000	46132.50

图 4-12　新变量的值

现在可以创建图来探索新变量 MRR_THOU 在其他变量上的总和。这样做是为了查看值在分组和子分组（Subsegments）之间的变化。

```
PROC MEANS DATA=WORK.MARKET3;
CLASS CustomerType;
VAR MRR_THOU;RUN;
```

结果如图 4-13 所示。

Analysis Variable : MRR_THOU						
CustomerType	N Obs	N	Mean	Std Dev	Minimum	Maximum
0	77	77	244.0481818	752.1983309	0.6370000	4626.50
Existing Customer	188	188	314.8758138	3380.08	0.0530000	46132.50
New Customer	279	279	450.9110466	2735.68	0.3850000	38000.00

图 4-13　MRR_THOU 在其他分组上的求和

使用 NOROW NOCOL 选项获得干净的表输出，不再有跨行和列的汇总。

```
PROC FREQ DATA=WORK.MARKET3;
TABLES CustomerType /NOROW NOCOL;RUN;
```

结果如图 4-14 所示。

CustomerType	Frequency	Percent	Cumulative Frequency	Cumulative Percent
0	77	14.15	77	14.15
Existing Customer	188	34.56	265	48.71
New Customer	279	51.29	544	100.00

图 4-14　使用 NOROW NOCOL 选项获得的输出

4.2.7　执行分析

现在可以总结出以下要点。

❑　要点 1：新客户提供了最高的每月经常性收入（Monthly Reccuring Revenue，MRR），并且构成了业务最大的一块（51%）。

在下面的代码中，自定义 PROC MEANS 输出，以便可以按选择的格式（而不是默认格式）查看输出。

```
PROC MEANS DATA=WORK.MARKET3 N MEAN SUM;
CLASS CustomerType Quarter;
VAR MRR_THOU;RUN;
```

结果如图 4-15 所示。

上面是按客户类型和季度分类，现在直接按季度分类。

```
PROC MEANS DATA=WORK.MARKET3 N MEAN SUM;
CLASS Quarter;
VAR MRR_THOU;RUN;
```

The MEANS Procedure

Analysis Variable : MRR_THOU					
CustomerType	Quarter	N Obs	N	Mean	Sum
0	Q2	77	77	244.0481818	18791.71
Existing Customer	Q1	56	56	102.6091429	5746.11
	Q2	98	98	41.4042959	4057.62
	Q3	34	34	1452.73	49392.92
New Customer	Q1	143	143	496.2723846	70966.95
	Q2	98	98	475.6756429	46616.21
	Q3	38	38	216.3425789	8221.02

图 4-15　自定义 PROC MEANS 输出

结果如图 4-16 所示。

The MEANS Procedure

Analysis Variable : MRR_THOU			
Quarter	N Obs	Mean	Sum
Q1	199	385.4927789	76713.06
Q2	273	254.4525421	69465.54
Q3	72	800.1935833	57613.94

图 4-16　按季度分类查看 MRR

❑　要点 2：按季度分的每月经常性收入（MRR）呈下降趋势。第一季度的新客户数量最高，正是这一因素推动了该趋势。

❑　要点 3：可以看到，新客户的平均 MRR 是最高的。

最后，我们留一份作业：请对 Verticals（垂直行业）进行类似的探索（通过 NEWVAR 列），并看看是否也能总结出一些要点。

4.3　R 案例研究 2

本节将通过 R 的案例研究 2 来演示其 DCOVA&I 过程。

4.3.1　问题陈述

Xenon 是一家互联网营销公司。它保存了与其客户有关的营销收入数据。它的大多数客户都按月份计划其营销预算。Xenon 希望更好地了解这些数据，想要创建一些表格和图表来从这些数据中获得一些见解（Insight）。

其数据的组成部分如下。

- ❑　Year：年份值。所有数据均属于 2014 年。
- ❑　Month：月份值。数据所属的月。
- ❑　Quarter：季度。所有数据均属于 2014 年第一季度至第三季度。
- ❑　Customer type：客户类型。划分为公司的新客户和老客户。
- ❑　Type of calling：客户与公司互动的方式，分为 Inbound 和 Outbound 两类。Inbound 指客户打入电话询问或请求服务，Outbound 指公司打电话给客户并与客户互动。
- ❑　Vertical：客户所属的行业。
- ❑　Monthly recurring revenue in INR：每月经常性收入。这是客户在特定月份支付给公司的金额。INR 指印度卢比。

4.3.2　导入数据

准备工作目录和空间。

```
> setwd("H:/springer book/Case study/CaseStudy2")
```

输出如下。

```
> getwd()
[1] "H:/springer book/Case study/CaseStudy2"
```

导入数据。

```
market1 <- read.table("H:/springer book/Case study/CaseStudy2/
MarketingData.csv", header=TRUE, sep=",", stringsAsFactors = FALSE)
```

常见的分隔符如下。

- ❑　英文逗号（,）。
- ❑　制表符（Tab）。
- ❑　英文分号（;）。
- ❑　管道符（|）。
- ❑　脱字号（^）。

4.3.3　查看数据

现在先来了解一下 Obs 和 Vars 数据集的维度。

变量是数据中的各个字段，观察值则是变量的值。当导入从未见过的数据时，首先要了解的就是它的外观。

```
dim(market1)
```

输出如下。

```
> dim(market1)
[1] 586    7
```

我们可以找出每个变量存在什么类型的数据（例如数字、字符等）。

```
str(market1)
```

输出如下。

```
> str(market1)
 'data.frame':                        586 obs. of  7 variables:
 $ Year                            : int  2014 2014 2014 2014 2014 2014
                                     2014 2014 2014 2014 ...
 $ Month                           : chr  "January" "January" "January"
                                     "January" ...
 $ Quarter                         : chr  "Q1" "Q1" "Q1" "Q1" ...
 $ CustomerType                    : chr  "New Customer" "New Customer"
                                     "New Customer" "New Customer" ...
 $ TypeOfCalling                   : chr  "Inbound" "Inbound" "Outbound"
                                     "Inbound" ...
 $ Vertical                        : chr   "Media & Entertainment"
                                     "Education" "Manufacturing" "High
                                     Technology" ...
 $ Monthly.Reccuring.Revenue.in.INR : int  0 1200 3838 8013 18618 1450
                                     4500 8750 2700 4283 ...
```

现在可以查看一些基本的描述性统计数据，以理解数值变量。

```
summary(market1$Monthly.Reccuring.Revenue.in.INR)
```

输出如下。

```
> summary(market1$Monthly.Reccuring.Revenue.in.INR)
   Min.  1st Qu.  Median    Mean  3rd Qu.     Max.
      0     1546    4506  347800   14500  46130000
```

查看每月经常性收入（MRR）的标准偏差。

```
# 每月经常性收入的标准偏差
sd(market1$Monthly.Reccuring.Revenue.in.INR)
```

输出如下。

```
> sd(market1$Monthly.Reccuring.Revenue.in.INR)
[1] 2701403
```

在 R 中有一些用户定义的代码，称为软件包（package），可以直接使用它们，这样可以减轻不少自己编写代码的工作。

```
> install.packages("psych")
> library(psych)
> describe(market1$Monthly.Reccuring.Revenue.in.INR, na.rm = TRUE,
interp=FALSE,skew = TRUE, ranges = TRUE,trim=.1,type=3,check=TRUE)
```

输出如下。

	vars	n	mean	sd	median	trimmed	mad
1	1	586	347768.8	2701403	4506	14927.69	5333.65
	min	max	range	skew	kurtosis	se	
1	0	46132500	46132500	13.58	205.37	111593.9	

以下是 describe 函数中的参数说明。

- ❑　x：指定一个数据帧或矩阵。
- ❑　na.rm：默认为删除缺失的数据。na.rm = FALSE 将删除案例。
- ❑　interp：指定中位数应为标准值还是插值。
- ❑　skew：指定是否应该计算偏度（Skew）和峰度（Kurtosis）。
- ❑　ranges：指定是否应计算范围。
- ❑　trim：修剪，trim = .1 表示删除顶部和底部的修剪部分。
- ❑　type：指定应使用偏度和峰度的哪种估计。
- ❑　check：指定是否应该检查非数字变量。它的速度较慢，但有一定的帮助。

4.3.4　收集和组织数据

本案例的收集阶段无须执行任何操作。

在组织阶段，我们想要查看不同分组中的数据计数，因此需要创建频率表，如下所示。

```
> attach(market1)
> table(market1$CustomerType)
```

输出如下。

```
> table(market1$CustomerType)
```

```
        0 Existing Customer        New Customer
      88              191                    307
```

创建客户与公司互动方式的频率表。

```
table(market1$TypeOfCalling)
```

输出如下。

```
> table(market1$TypeOfCalling)

  Inbound Outbound
     128      458
```

创建客户类型和互动方式组合表。

```
table(market1$TypeOfCalling,market1$CustomerType)
```

输出如下。

```
> table(market1$TypeOfCalling,market1$CustomerType)

            0 Existing Customer New Customer
Inbound    26               10           92
Outbound   62              181          215
```

指定输出的列。

```
> table1<- table(market1$TypeOfCalling,market1$CustomerType)

> margin.table(table1,1)
```

输出如下。

```
> margin.table(table1,1)

  Inbound Outbound
     128      458
```

🖐提示：

上面代码中的 1 指的是变量列。

```
margin.table(table1,2)
```

输出如下。

```
> margin.table(table1,2)
```

```
         0  Existing Customer        New Customer
        88               191                 307
```

如果想要了解数据在分组中的分布方式，则可以了解一下每个分组在总体中所占的百分比，这样会更容易。

```
prop.table(table1) # 单元格百分比
```

输出如下。

```
> prop.table(table1)

                      0 Existing Customer New Customer
  Inbound    0.04436860         0.01706485   0.15699659
  Outbound   0.10580205         0.30887372   0.36689420
```

按行查看分组百分比。

```
prop.table(table1, 1)  # 行百分比
```

输出如下。

```
> prop.table(table1, 1)

                0 Existing Customer New Customer
Inbound  0.2031250         0.0781250    0.7187500
Outbound 0.1353712         0.3951965    0.4694323
```

按列查看分组百分比。

```
prop.table(table1,2)  # 列百分比
```

输出如下。

```
> prop.table(table1,2)

                  0  Existing Customer New Customer
  Inbound  0.29545455         0.05235602   0.29967427
  Outbound 0.70454545         0.94764398   0.70032573
```

创建垂直行业频率表。

```
table(market1$Vertical)
```

输出如下。

```
> table(market1$Vertical)
```

```
            0          Automotive      Business Services
            3                   4                     48
Consumer Goods   Consumer Services            Education
           19                   2                      6
Energy & Utilities  Financial Services  Foundation-Not for Profit
            1                  45                      4
       Gaming      High Technology       Hotel & Travel
           55                  66                     18
Manufacturing  Media & Entertainment       Miscellaneous
           23                 138                      4
  Not Defined   Pharma/Health Care        Public Sector
            1                   8                     30
        Retail   Software as a Service
           97                  14
```

现在可以对表格进行排序以使其有意义。

```
table2<-table(market1$Vertical)

> table4<-as.data.frame(table2)  # 转换为数据帧

> View(table4)

> table5<- table4[order(-table4$Freq),]

sum(table4$Freq)
```

输出如下。

```
> sum(table4$Freq)
[1] 586
```

生成 cfp 表。

```
> table4$cfp<- table4$Freq/586
> table4
```

输出如下。

```
> table4
                Var1 Freq          cfp
1                  0    3  0.005119454
2         Automotive    4  0.006825939
3  Business Services   48  0.081911263
4     Consumer Goods   19  0.032423208
5  Consumer Services    2  0.003412969
6          Education    6  0.010238908
```

按 cfp 值进行排序。

```
> table5<- table4[order(-table4$cfp),]
> View(table5)

> table5
```

输出如下。

```
> table5
                       Var1  Freq        cfp
14    Media & Entertainment   138  0.235494881
19                   Retail    97  0.165529010
11          High Technology    66  0.112627986
10                   Gaming    55  0.093856655
3         Business Services    48  0.081911263
8        Financial Services    45  0.076791809
18            Public Sector    30  0.051194539
13            Manufacturing    23  0.039249147
4            Consumer Goods    19  0.032423208
12            Hotel & Travel    18  0.030716724
20    Software as a Service    14  0.023890785
17       Pharma/Health Care     8  0.013651877
6                 Education     6  0.010238908
2                Automotive     4  0.006825939
9   Foundation-Not for Profit    4  0.006825939
15           Miscellaneous     4  0.006825939
1                        0     3  0.005119454
5         Consumer Services     2  0.003412969
7        Energy & Utilities     1  0.001706485
16              Not Defined     1  0.001706485
```

通过该输出结果可见，该数据集中列出的垂直行业过多，它们中的大多数对数据集的贡献不足 5%，可以考虑将除前四名之外的其他所有垂直行业都组合在一起。现在我们就来创建一个新变量 newvar 以执行该操作。

```
> market1$newvar[market1$Vertical=="Media & Entertainment"]<-1
> View(market1)
> market1$newvar[market1$Vertical=="Retail"]<-2
> market1$newvar[market1$Vertical=="High Technology"]<-3
> market1$newvar[market1$Vertical=="Gaming"]<-4

> market1[is.na(market1)]<-0 .
> table(market1$newvar)
```

输出如下。

```
> table(market1$newvar)

  0   1   2   3   4
230 138  97  66  55
```

现在可以创建一些表和图形以了解有关每月经常性收入（Monthly Reccuring Revenue，MRR）连续变量的数据。

```
library("ggplot2")

> library("ggplot2")
> qplot(newvar,Monthly.Reccuring.Revenue.in.INR, data = market1)
```

结果如图 4-17 所示。

可以看到，每月经常性收入的值很大并且显示为指数形式。

```
> market1$TypeOfCalling <- as.factor(market1$TypeOfCalling)
> qplot(newvar,Monthly.Reccuring.Revenue.in.INR, data = market1,
color=TypeOfCalling)
```

结果如图 4-18 所示。

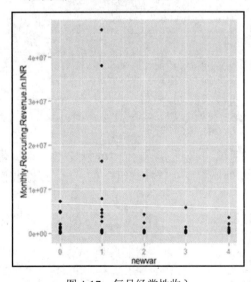

图 4-17　每月经常性收入

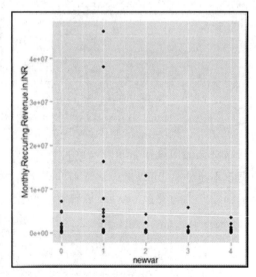

图 4-18　增加以颜色区别的互动方式

提示：

在该图形中包含了互动方式作为变量。

现在创建一个新变量来表示每月经常性收入/1000（以千为单位）。当以较小的块查看时，更易于理解和表示大数字。

```
> market1$MRR.thou<-market1$Monthly.Reccuring.Revenue.in.INR/1000

> qplot(newvar,MRR.thou, data = market1, color=TypeOfCalling)
```

结果如图 4-19 所示。

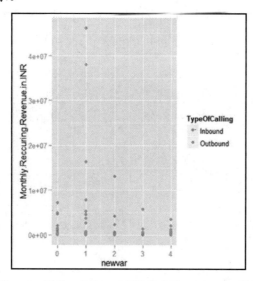

图 4-19　创建 MRR.thou 变量来表示 MRR/1000 的值

探索数据中存在哪些字段。

```
names(market1)
```

输出如下。

```
> names(market1)
[1] "Year"                              "Month"
[3] "Quarter"                           "CustomerType"
[5] "TypeOfCalling"                     "Vertical"
[7] "Monthly.Reccuring.Revenue.in.INR"  "newvar"
[9] "MRR.thou"
```

删除每月经常性收入为 0 的变量，这些是缺失值。因此，应该删除值为 0 的行。

```
> market2<- market1[which( market1$Monthly.Reccuring.Revenue.in.INR>0),]

> dim(market2)
```

输出如下。

```
> dim(market2)
[1] 544 9
```

4.3.5 可视化

现在来看看如何创建一些表格和图形以获得对数据的直观了解。

```
> ggplot(market2, aes(x=CustomerType, y=MRR.thou)) +
geom_bar(stat="identity")

> table1<- table(market2$CustomerType)

> prop.table(table1)
```

输出如下。

```
> prop.table(table1)

          0 Existing Customer    New Customer
   0.1415441      0.3455882      0.5128676
```

4.3.6 执行分析

现在可以总结出以下要点。

❑ 要点 1：新客户提供了最高的每月经常性收入（MRR），并且构成了业务最大
的一块（51%）。

```
> ggplot(market2, aes(x=Quarter, y=MRR.thou)) + geom_bar(stat="identity")
```

结果如图 4-20 所示。

现在按季度和客户类型同时进行统计。

```
> table1<- table(market2$CustomerType, market2$Quarter)

> table1
```

输出如下。

```
> table1

          Q1  Q2 Q3
```

```
0                     0  77  0
Existing Customer  56  98  34
New Customer      143  98  38
```

也可以计算百分比值。

```
> prop.table(table1,2)
```

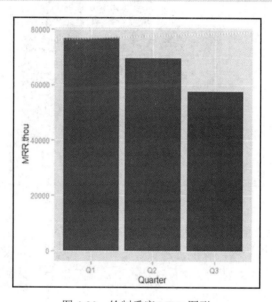

图 4-20　绘制季度 MRR 图形

输出如下。

```
> prop.table(table1,2)

                         Q1          Q2          Q3
0                  0.0000000   0.2820513  0.0000000
Existing Customer  0.2814070   0.3589744  0.4722222
New Customer       0.7185930   0.3589744  0.5277778
```

❑　要点 2：按季度分的每月经常性收入（MRR）呈下降趋势。第一季度的新客户
　　数量最高，正是这一因素推动了该趋势。

检查所有客户类型的平均 MRR。按客户类型总结其季度趋势。

```
> ggplot(market2, aes(x=factor(CustomerType), y=MRR.thou)) + stat_summary
(fun.y="mean", geom="bar")
```

结果如图 4-21 所示。

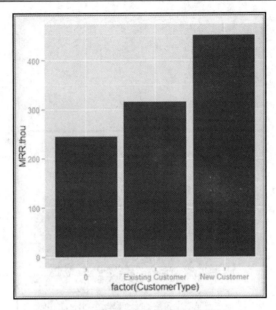

图 4-21　按客户类型总结其季度趋势

❑　要点 3：可以看到，新客户的平均 MRR 是最高的。

最后，和使用 SAS 一样，我们也要留一份作业：请对 Verticals（垂直行业）进行类似的探索（通过 NEWVAR 列），并看看是否也能总结出一些要点。

4.4　使用描述性统计

接下来我们将讨论如何通过一些简单的统计信息来更好地理解数据。在前面的案例研究中，其实已经遇到过其中一些统计数据。现在我们将正式介绍它们。

4.4.1　集中趋势的度量

下面来看一下集中趋势的度量。

❑　平均值（Mean，也称为均值）：平均值是样本或一组数字的平均分数。
　　平均值的计算方法很简单，将所有的值相加，然后除以值的个数即可。通过平均值可以了解一组数字的平均正态值。因此，可以使用它来描述平均年龄、平均收入、考试成绩中的平均分数等。
　　需要注意的是，有时平均值并不能可靠地体现出真实而完整的情况。例如，0

和 10 的均值为 5，4 和 6 的均值也为 5。因此，需要更多信息才能更好地理解该
数据。本章稍后将对此进行介绍。

可以用平均值做什么？

可以取一个单独的值并将其与平均值进行比较以得出一些结论。例如，如果中
国女性的平均身高是 1.60m，而李薇女士的身高是 1.80m，那么可以得出结论，
相比之下，李薇女士比中国女性的平均身高要高得多。

❑　中位数（Median）：这是在按数字顺序排列数字之后取得的中间数字。排列的
　　顺序可以是升序，也可以是降序。

中位数与奇数一起使用效果更好，因为对于奇数来说，将可以自然获得一个中
心数。如果使用的是偶数，则可以使用中间两个数字的平均值。

如何使用中位数？

中位数可让你了解系列的中间值。中位数的优点是它减少了极值（也称为离群
值）的影响。

平均数和中位数有何不同？什么时候应该使用均值，什么时候应该使用中位数？

先来看 3 个数字：4、5、6。

```
平均值= (4 + 5 + 6)/ 3 = 5
中位数= 5
```

现在再看看其他一些数字：0、1、1、1、20。

```
平均值= (0 + 1 + 1 + 1 + 20)/ 5 = 4.6
中位数= 1
```

因此，平均值容易受极值（也称为离群值）的影响，而中位数则会更准确地显
示这一系列数字的中间值，也是最可能的值。

❑　众数（Mode）：定义为一系列数字中最频繁出现的数字。当处理划分为固定数
　　量类别的变量时，此功能特别有用。类别的数量通常为 3～5 个。一个很典型的
　　示例是客户服务反馈评价，其值可以是 1～5 的任何值（代表 1～5 星）。

总之，平均值、中位数和众数是集中趋势的 3 种常见度量。当同时看到平均值和中
位数时，对样本数据集的最可能值做出结论总是更容易、更准确。当变量仅具有 3～5 个
类别时，则可以考虑使用众数。

4.4.2　散布的度量

散布的度量可以显示特定变量的所有测量值或观察值如何分散在数据集中。

- ❑ 范围（Range）：这是从最小值到最大值的度量。

  在哪里可以使用范围？

  可以使用它来了解数据集/变量的边界。

- ❑ 四分位距（Interquartile Range，IQR）：这是 4 个四分位数边界的度量。

  四分位数（Quartile）是统计学中分位数的一种，即把所有数值由小到大排列并分成四等份，处于 3 个分割点位置的数值就是四分位数。

  如何将数据划分为四分位数？

  可以按顺序对变量进行排序，然后选择最小值至第 25 个百分位数，以定义四分位数 Q1；第 25～50 个百分位数则定义为四分位数 Q2（也称为中位数）；第 50～75 个百分位数定义为四分位数 Q3；第 75 个百分位数到最大值则定义为四分位数 Q4。需要注意的是，四分位数定义位于值所在的位置。因此，在定义四分位数时可遵循中位数的概念。

  在哪里可以使用四分位数？

  四分位数是很实用的散布的度量，因为它们受离群值（Outliers）或偏度（密度图某个特定部分中的数据集中度）的影响要小得多。因此，通常将它们与中位数一起使用，特别是在处理偏斜数据或具有离群值的数据时。

4.4.3　差异分析

数据中的差异是使用方差和标准偏差来衡量的。

绝对值和平均绝对偏差（Mean Absolute Deviation，MAD）可以显示在平均值附近出现的偏差。要找到观察值中的变异性，可以将每个观察值的偏差（与均值的距离）相加，然后将结果除以观察值的数量即可获得平均偏差。

计算绝对偏差很简单。要找出总变异性，可以将观察值减去所有观察值的平均值。但是，这样相减的结果是可能会获得正值和负值，将所有这些值相加后，总偏差将为零。由于我们仅对偏差感兴趣，至于是正值还是负值则无关紧要，因此，可以忽略负数而使用其绝对值，从而获得绝对偏差。将所有这些绝对偏差相加并除以观察值总数，即可得出平均绝对偏差（MAD）。其公式为

$$\text{平均绝对偏差（MAD）} = \frac{\sum_{i=1}^{n}|X_i - \mu|}{N}$$

式中：X 表示观察值；μ 表示平均值；N 表示观察次数；$||$ 表示绝对值；$\sum$ 表示求和。

假设有 5 名员工，年龄分别为 20、30、35、40 和 45，则计算示例如图 4-22 所示。

员工年龄	偏差（观察值 - 平均值）	绝对偏差
20	−14	14
30	−4	4
35	1	1
40	6	6
45	11	11

平均值	34
偏差总和	0
绝对偏差之和	36
平均绝对偏差	7.2

图 4-22　绝对偏差和平均绝对偏差

4.4.4　方差

方差（Variance）是更常见的对偏差或均值周围数据分布的度量。

方差将计算每个点与平均值的偏差。与绝对偏差不同，在绝对偏差中，我们使用偏差的绝对值读取负值，而在方差中，则通过对每个偏差进行平方来获得正值。将平方偏差相加即可得出平方和，然后，将该数字除以数据组中观察值的总数。其公式为

$$\sigma^2 = \frac{\sum (X - \mu)^2}{N}$$

式中：X 表示观察值；μ 表示平均值；N 表示观察次数；$\sum$ 表示求和。

其计算示例如图 4-23 所示。

员工年龄	偏差（观察值 - 平均值）	方差（偏差^2）
20	−14	196
30	−4	16
35	1	1
40	6	36
45	11	121

平均值	34
方差总和	370
方差	74

图 4-23　方差是总方差除以观察次数

如图 4-24 所示，解释方差很容易。如果观察值聚集在平均值附近，则方差将很小；相反，如果观察值分散开，则方差会很大。当然，有时解释方差也会遇到一些困难。

平均值	34
方差总和	370
方差	74
标准偏差	8.602325267

图 4-24　标准偏差

导致方差解释困难的可能原因如下。

❑　因为偏差是平方值，所以如果数据包含离群值（也称为异常值），则一两个离群值可以大大增加方差。

❑　方差以平方单位度量，这使得它很难以任何单位进行测量。

为了解决这两个问题，计算标准偏差（Standard Deviation）是一个好方法。

标准偏差是数字分布程度的度量，其符号为 σ（希腊字母 sigma）。它的公式也很简单：它是方差的平方根。

标准偏差的优点在于，它以与变量单位相同的量进行测量。因此，它易于使用且易于解释。

统计数据集或变量的分布是列表或函数，显示了数据的所有可能值或间隔以及它们出现的频率。因此，这里我们讨论的是频率分布。当组织数据以查看其分布时，通常按从最小到最大的顺序对其进行排序。数据将分为适当大小的组，并放入图形和图表中，以检查形状中心和数据的变化情况。

因此，直方图（Histogram）非常适用于理解和处理分布图形的输出，尤其是当数据分为若干个类别时。划分为若干类别的数据也称为离散均匀（Discrete Uniform）数据。

如果要查看连续数据集的分布，则可以使用密度图（Density Plot）进行。连续数据集也称为连续均匀（Continuous Uniform）数据。

当需要组织数据以查看其分布情况时，可以对照回答以下 4 个问题，有可能对你的操作很有帮助。

❑　数据是离散的还是连续的？

❑　数据是否对称？如果是不对称的，那么它位于哪个方向？

❑　数据是否有上限或下限？

❑　数据中观察的极值可能是什么？

以下是定义分布的一些方法。

❑　二项分布（Binomial Distribution）：衡量给定事件中成功若干次的概率。有一个很典型的例子是扔硬币，结果只有两种可能：正面朝上、背面朝上。在企业中，有一个示例是员工流失，因为在这个问题上只有两种可能的结果：流失、不流失。要判断某事件是否为二项分布，可以看它是否符合以下 3 个特点。

> 事件出现的次数（或称实验次数）是固定的，用 n 表示。
> 例如，扔硬币 10 次，$n = 10$。
> 每一次事件都有两种可能的结果（成功或失败）。
> 例如，扔硬币有两个结果，正面朝上表示成功，反面朝上表示失败。
> 每次成功的概率都是一样的，成功的概率用 p 表示。
> 例如，每次扔硬币，正反面的概率各 50%。
> 在扔硬币示例中，给定扔 100 次硬币，成功 60 次（即 60 次正面朝上）的概率是多少呢？可以使用 Excel 二项分布公式=BINOM.DIST(60,100,0.5,FALSE) 计算，结果为 0.010844。

❑ 泊松分布（Poisson Distribution）：它可以衡量在给定时间间隔内发生许多事件的可能性。这里所需的关键参数是给定时间间隔内事件的平均数量。一个很典型的示例是在客户服务中心内接到的拨入电话。

❑ 几何分布（Geometric Distribution）：它可以衡量首次成功的概率。
要判断某事件是否为几何分布，可以看它是否符合以下 4 个特点（前 3 个特点和二项分布是一样的）。

> 事件出现的次数（或称实验次数）是固定的，用 n 表示。
> 例如，扔硬币 10 次，$n = 10$。
> 每一次事件都有两种可能的结果（成功或失败）。
> 例如，扔硬币有两个结果，正面朝上表示成功，反面朝上表示失败。
> 每次成功的概率都是一样的，成功的概率用 p 表示。
> 例如，每次扔硬币，正反面的概率各 50%。
> 几何分布计算的是经过若干次尝试，取得第一次成功的概率。
> 例如，在扔硬币时，第一次尝试有 50%的机会取得第一次成功，第二次尝试有 50%×50% = 25%的机会取得第一次成功，第三次尝试有 50%×50%×50% = 12.5%的机会取得第一次成功。绘制这样的图形时会产生几何分布。

❑ 超几何分布（HyperGeometric Distribution）：它描述了由有限个物件中抽出 n 个物件，成功抽出指定种类的物件的次数。注意，超几何分布的模型是不放回抽样的。
例如，在一个口袋中有 36 个球，其中有 12 个红球，其余为白球，这些球除颜色外完全相同。玩家一次从中摸出 7 个球，摸到至少 6 个红球就中一等奖，那么获一等奖的概率是多少？

这个问题就可以归结为超几何分布模型，可以使用 Excel 的超几何分布公式 =HYPGEOM.DIST(6,7,12,36,FALSE) 计算，结果为 0.002657。

❑ 离散均匀分布（Discrete Uniform Distribution）：这是最简单的分布，适用于所有结果具有相同发生概率的情况。

❑ 正态分布（Normal Distribution）：前面介绍的分布都是离散概率分布，只有正态分布是连续概率分布。正态分布曲线也称为钟形曲线（Bell Curve）。如果某个变量是连续变量，则其概率分布将是连续概率分布。

第 5 章 可 视 化

在分析数据时，你是否对着成行成行的数据感到无从下手？如果是，则本章将以可视化形式（即图形和图表）表示数据，以方便理解数据。

本章将讨论以下主题：

❑ 可视化的定义
❑ 进行数据可视化的理由
❑ 常见的图形和图表类型
❑ 使用 SAS 进行可视化的案例研究
❑ 使用 R 进行可视化的案例研究
❑ 相关性和协方差

5.1　可视化的定义

可视化（Visualization）是创建图像（Images）或图表（Diagram）以传递消息的过程或技术。用于信息交流的还可以包括信息图（Infographics）和动画（Animation）。

史前人类在石头和黏土板上制作图像，以创建地图，显示方向并进行更好的导航，贸易路线遍及海洋、沙漠、丛林。为了改善治理和获得更多税收收入，埃及、罗马和希腊的国王和商人都曾经制作了大量的地图，这些地图绘于公元前 1500—公元前 300 年。因此，信息可视化是一门古老的艺术。

William Playfair（威廉·普莱费尔，1759—1823 年）是苏格兰工程师和政治经济学家。他是统计图形方法的创始人。他使用饼图、条形图和折线图等形式第一次完成了现代化的数据表示，如图 5-1 所示。

Playfair 使用折线图传达了远超折线本身的含义，如图 5-2 所示。

🖉 提示：

你是否有兴趣查看历史上最出色的可视化作品？请参阅由 Drew Skau 撰写的 "12 Great Visualizations that Made history"（《创造历史的 12 大可视化作品》）。其网址如下：

http://blog.visual.ly/12-great-visualizations-that-made-history/

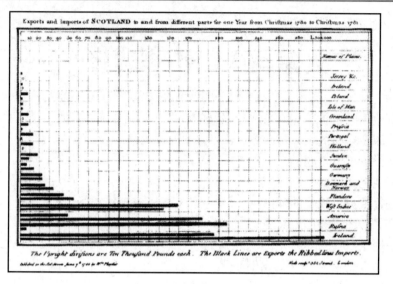

图 5-1　早期的数据可视化

资料来源：http://visually.visually.netdna-cdn.com/ExportsandImportsofScotland_4f1454ffef0be_w587.gif

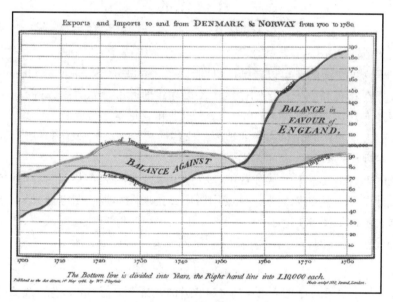

图 5-2　早期的折线图

资料来源：http://visually.visually.netdna-cdn.com/ExportsandImportstoandfromDenmarkNorwayfrom1700to1780_4e4d6b78e9bb9_
w587.png

5.2　当今世界的数据可视化

进入 20 世纪后，信息可视化已经成为更好地帮助人们理解数据的主流形式。在可视化的发展过程中有以下重要节点。

❑ 数据可视化首先在教科书中使用，对图形和图表的研究已成为科学书籍和研究课程的标准组成部分。

❑ 一位叫 Jacques Bertin 的法国制图师在 *Semiologie Graphique*《符号图形学》上发表了他的作品，这被认为是数据可视化的理论基础。

❑ 让数据可视化大放异彩的是计算机的出现和使用。这个时期见证了专门的可视化软件和程序的创建。此外，可视化作品（尤其是图形）开始在报纸和杂志上看到，管理信息系统（Management Information System，MIS）和商业智能（Business Intelligence，BI）成为 MBA/PGDBA 课程的主题。

❑ 2002 年发生云计算革命。更优秀、更先进的工具已创建了巨大的可视化引擎，这些可视化引擎可以运行在称为企业级数据仓库（Enterprise-wide Data Warehouse，EDW）的大型数据存储库上。这些庞大的存储库开始满足商业智能的各个阶段（QlickView、Cognos、SAS BI Studio 等）的需求，并提供了更清晰的、交互式的视觉效果。当然，也不能忘记 Microsoft Excel，它事实上已经成为最普及、最具成本效益和对用户非常友好的工具。

❑ 大量报告和数据使得人们不得不借助于可视化工具获取自己想要的信息。Edward Tufte（爱德华·塔夫特）于 2004 年创建了 Sparkline，这是一类信息体积小和数据密度高的图表，可以作为只有单词大小的图形嵌入句子、表格、标题、电子制表软件或图形中。

❑ 从 2011 年开始，交互式数据可视化大量出现。交互式可视化已从静态图形和电子表格的显示扩展到使用计算机和移动设备向下钻取图表和图形，以获取更多详细信息，并且可以实时更改所看到的数据，查看其处理方式。因此，随着数据的添加，图形和视觉效果也会发生变化。

5.3　进行数据可视化的理由

可视化是将统计技术应用于数据之前的步骤。它有以下两个主要目的。

❑ 理解数据。

❑ 交流。所谓"一图胜千言"，在很多环境下，图片都可以使交流更高效。

因此，数据可视化使眼睛和大脑更容易读懂数据。来看以下内容。

❏　图 5-3：示例数据。

月　　份	销 售 总 额	产品总成本	毛 利 率	利　　润
1 月	1309863.2511	1046855.0401	0.20079058694…	263008.211
2 月	2451605.6244	2161789.71439…	0.11821473532…	289815.910000…
3 月	2099415.6158	1781531.84109…	0.15141536164…	317883.774700…
4 月	1546592.2292	1250946.0643	0.19115973772…	295646.164900…
5 月	2942672.90960…	2589467.20809…	0.12206783170…	359205.701500…
6 月	1678567.4193	2010739.60289…	-0.19789029012…	-332172.193599…
7 月	962716.741700…	754715.7636	0.21605625942…	208000.978100…
8 月	2044600.0034	1771778.75389…	0.13343502349…	272821.249500..
9 月	1639840.109	1393936.67389…	0.14995573882…	245903.43510001
10 月	1358050.4703	1124337.2647	0.17209463912…	233713.205600…
11 月	2868129.20330…	2561131.77409…	0.10703751729…	306997.42920002
12 月	2458472.4342	2085375.78659…	0.15175954076…	373096.647600…

图 5-3　示例数据

❏　图 5-4：可视化图形。

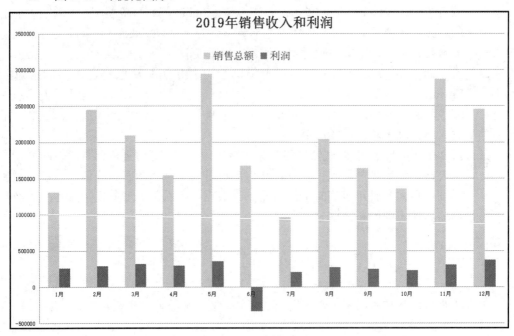

图 5-4　与图 5-3 对应的可视化图形

问题：你可以轻松解释这两个中的哪一个？

绝大多数人都应该更喜欢图 5-4（图形输出）。一眼望去，就可以看到 6 月的利润为负，而 5 月的销售量和利润都是最好的，11 月和 12 月也表现很好。由此可见，数据可视化有助于认知或理解，也有助于商业决策。

视觉感知的格式塔原理（The Gestalt Theory）是指德国心理学家在 20 世纪 20 年代提出的视觉知觉理论。格式塔（Gestalt）是一个心理学术语，意为"统一的整体"。这些理论试图描述人们如何倾向丁将视觉元素组织成组群或统一的整体。

除音译"格式塔"外，Gestalt 还有一个意译——完形。格式塔心理学派认为，和物理世界的电场、磁场、重力场一样，人类知觉世界也应该有类似"场"的存在。和视觉世界有关的就称为视觉场，和学习、工作、生活有关的称为知觉场。人们感知到这些场，并形成和把握整体，也就是完形。因此，完形心理学也被称为场论。

格式塔心理学派的重要思想是：人对事物的感知，不是各元素感觉简单相加的总和，而是直接将事物感知为完整的统一体。心理现象是一个有机整体，整体虽然由部分组成，但是整体大于部分之和，并且决定部分的性质。

基本上，我们的思想可以将图表的各个小部分放在一起，以创建一个统一的整体。与详细描画人类心理状态相比，我们使用数据定义明确的对象可谓简单多了。

另外，我们的思想也会填补空白。因此，在可视化数据时，无论是使用线条还是图框，效果都很好。

可视化软件使用这些原理来创建各种类型的图形和图表，管理人员在创建视觉效果和演示文稿时可以调用这些图形和图表。

5.4 常见的图形和图表类型

常见的图形和图表类型如下。

❑ 合成图（Composition）：如果要描绘一个整体或数据 100%的外貌以及其中的分组，可以使用以下图表。

➤ 饼图（Pie Chart）：显示总计中的份额。

➤ 瀑布图（Waterfall Chart）：显示小部分的累积以创建总计。

➤ 百分比堆积柱形图（Stacked 100 Percent Column Chart）：每个堆积柱形都代表 100%，每个分量以不同的颜色显示，可以用来比较多个时间范围或分组中总计的份额。

❑ 分布图（Distribution）：如果要显示每个数据段的分布/计数，可以使用以下图表。

➢ 直方图（Histogram）：可绘制分类变量的频率。

➢ 密度图（Density Plot）：可绘制本质上连续的变量的浓度。

➢ 散点图（Scatter Chart）：可绘制一个变量相对于另一个变量（双变量）的浓度。

➢ 3D 面积图（3D Area Chart）：用于相互对比描述 3 个变量。

❑ 比较图（Comparison）：如果要比较跨分组或时间段的数据，可以使用以下图形。

➢ 折线图（Line Graph）：描绘不同变量/类别在一段时间内的运动。

➢ 柱形图（Column Chart）：描绘一些类别并比较数据。

❑ 关系图（Relationship）：当要探索数据集中各个变量之间的关系时，可以使用以下图形。

➢ 散点图（Scatter Chart）：查看两个变量（双变量）之间的关系。

➢ 气泡图（Bubble Chart）：查看 3 个变量之间的关系。

5.5　SAS 案例研究 3

在本示例中，我们将"欺诈"定义为挪用资金。本案例研究将通过图形和图表理解数据，以查明可能的欺诈情形。

5.5.1　关于数据

该数据由合同登记册组成，其中列出了超过 5000 美元的合同支出。

5.5.2　数据内容

该数据集列出了所有超过 5000 美元的采购支出的详细信息，包括采购订单和招标。

5.5.3　定义

该数据集包含的字段及其说明如表 5-1 所示。

表 5-1　数据集包含的字段及其说明

字　　段	说　　明
Effective Date	生效日期
Contract Reference Number	合同编号

续表

字　　段	说　　明
Service responsible	服务责任
Contract Start Date	合同开始日期
End Date	结束日期（如果缺失该值，则假设仍正在进行）
Review Date	审核日期
Extension Period	天数
Contract Value	合同金额

5.5.4　问题陈述

执行探索性的数据分析以更好地理解数据，描述日期和数字字段并了解分布。

❑　创建列联表（Contingency Tables）、图形和图表以更好地理解数据。

❑　有些项目是否明显比预计的日期提前完成？

❑　项目的平均每日费用是多少？

❑　隔离应进行欺诈调查的案件。

这些合同中的欺诈可以分为以下两种类型。

❑　假设该项目可以在 10 天之内完成，但承包商的报价是需要 25 天。实际上，他在 10 天之内完成了工作，而另外 15 天的费用自然就进了他的腰包。

❑　该项目可以按每天 1 美元的价格完成，但承包商却收取了每天 5 美元的费用。

5.5.5　SAS 解决方案

现在来看看如何使用 SAS 工具解决此问题。

首先，按照 DCOVA&I 方法划分任务。

（1）定义。创建图形和图表，以了解可能表示欺诈的情形。欺诈定义如下。

❑　项目完成的时间远少于正常的完成时间。

❑　每日成本远高于正常的每日成本。

（2）收集数据。可以直接获得给定的数据，无须引用其他数据。

（3）组织数据。

❑　缺失值。

❑　离群值。

❑　将非数字数据转换为数字数据。

（4）可视化 Service responsible（服务责任）重要组成部分中的 y 变量。

5.6　SAS 代码和解决方案

现在可以通过 SAS 代码执行如前所述的 DCOVA&I 过程。由于本案例步骤较多，所以我们对各个阶段操作进行了细化，但基本流程仍遵循 DCOVA&I 过程。

5.6.1　导入数据

处理数据前，需要先将数据导入 SAS。

注意，/* */ 是用于表示代码注释的符号。

```
/* 使用 INFILE 信息语句导入数据 */
/* 如果在屏幕左上角选择 File（文件）| Import Data（导入数据）命令，则此代码将自动
生成 */
DATAWORK.CONTRACTS;
    LENGTH
        Effective_Date  $ 11
        Contract_Reference_Number $ 8
        Title_of_agreement $ 94
        Service_responsible $ 49
        Description_of_goods_and_service $ 94
        Contract_Start_Date 8
        End_Date       $ 10
        Review_Date    $ 10
        Extension_Period  8
        Contract_Value    8
        SupplierName   $ 40
        NominatedContactPoint $ 37
        ;
    LABEL
        Effective_Date = "Effective Date"
        Contract_Reference_Number = "Contract Reference Number"
        Title_of_agreement = "Title of agreement"
        Service_responsible = "Service responsible"
        Description_of_goods_and_service = "Description of goods and
services"
        Contract_Start_Date = "Contract Start Date"
        End_Date       = "End Date"
```

```
    Review_Date       = "Review Date"
    Extension_Period = "Extension Period"
    Contract_Value    = "Contract Value" ;
FORMAT
    Effective_Date    $CHAR11.
    Contract_Reference_Number $CHAR8.
    Title_of_agreement $CHAR94.
    Service_responsible $CHAR49.
    Description_of_goods_and_service $CHAR94.
    Contract_Start_Date MMDDYY10.
    End_Date          $CHAR10.
    Review_Date       $CHAR10.
    Extension_Period BEST2.
    Contract_Value    BEST11.
    SupplierName      $CHAR40.
    NominatedContactPoint $CHAR37.
    ;
INFORMAT
    Effective_Date    $CHAR11.
    Contract_Reference_Number $CHAR8.
    Title_of_agreement $CHAR94.
    Service_responsible $CHAR49.
    Description_of_goods_and_service $CHAR94.
    Contract_Start_Date MMDDYY10.
    End_Date          $CHAR10.
    Review_Date       $CHAR10.
    Extension_Period BEST2.
    Contract_Value    BEST11.
    SupplierName      $CHAR40.
    NominatedContactPoint $CHAR37.
    ;
INFILE '/saswork/SAS_work6710000127DB_odaws02-prod-sg/#LN00030'
    LRECL=332
    ENCODING="UTF-8"
    TERMSTR=CRLF
    DLM='7F'x
    MISSOVER
    DSD ;
INPUT
    Effective_Date    : $CHAR11.
```

```
        Contract_Reference_Number : $CHAR8.
        Title_of_agreement : $CHAR94.
        Service_responsible : $CHAR49.
        Description_of_goods_and_service : $CHAR94.
        Contract_Start_Date : ?? MMDDYY10.
        End_Date          : $CHAR10.
        Review_Date       : $CHAR10.
        Extension_Period : ?? BEST2.
        Contract_Value    : ?? COMMA11.
        SupplierName      : $CHAR40.
        NominatedContactPoint : $CHAR37.
        ;
RUN;
```

```
/* 解释:
```
LENGTH：设置每个变量的长度；$符号显示其字符变量

LABEL：设置变量的解释，可以在 PROC CONTENTS 输出中看到

FORMAT：控制变量值的写入外观

INFORMAT：将数据读入 SAS

INFILE：提供有关我们要导入的数据文件的详细信息（外部文件），外部文件是区分分隔符的数据（Delimiter-Sensitive Data, DSD）

LRECL：logical-record-length，指定了逻辑记录长度

MISSOVER：如果 INPUT 语句在当前输入行中找不到该语句中所有变量的值，则防止 INPUT 语句读取新的输入数据记录。当数据中有缺失的值时，使用该 INFILE 选项可以防止数据读入错误

ENCODING：指定从外部文件读取时使用的编码（这是可选的）

INPUT：在输入缓冲区中创建输入记录（输入缓冲区的内容将插入 SAS 数据文件中）*/

```
PROC PRINT DATA = WORK.CONTRACTS (OBS=10); RUN;
NOTE ALTERNATE IMPORT CODE :-
FILENAME REFFILE "/home/subhashini1/my_content/Contacts register Aug 2015
and purchase order over 5000 April to June 2015.csv" TERMSTR=CR;

PROC IMPORT DATAFILE = REFFILE
    DBMS = CSV
    OUT = WORK.IMPORT
        REPLACE;
    GETNAMES=YES;
RUN;
DATA WORK.CONTRACTS;
SET WORK.IMPORT;RUN;
```

5.6.2　查看内容并了解变量

大多数时候，数据集会非常大，可能无法打开它们以在 Excel 或其他工具中查看。在这一阶段，你将了解数据中的行和列。

```
PROC CONTENTS DATA = WORK.CONTRACTS; RUN;
```

其结果如图 5-5 所示。

	Alphabetic List of Variables and Attributes					
#	Variable	Type	Len	Format	Informat	Label
2	Contract_Reference	Char	8	$CHAR8.	$CHAR8.	Contract Reference Number
6	Contract_Start_Date	Num	8	MMDDYY	MMDDYY10.	Contract Start Date
10	Contract_Value	Num	8	BEST11.	BEST11.	Contract Value
5	Description_of_good	Char	94	$CHAR94.	$CHAR94.	Description of goods and services
1	Effective_Date	Char	11	$CHAR11.	$CHAR11.	Effective Date
7	End_Date	Char	10	$CHAR10.	$CHAR10.	End Date
9	Extension_Period	Num	8	BEST2.	BEST2.	Extension Period
12	NominatedContactP	Char	37	$CHAR37.	$CHAR37.	
8	Review_Date	Char	10	$CHAR10.	$CHAR10.	Review Date
4	Service_responsible	Char	49	$CHAR49.	$CHAR49.	Service responsible
11	SupplierName	Char	40	$CHAR40.	$CHAR40.	
3	Title_of_agreement	Char	94	$CHAR94.	$CHAR94.	Title of agreement

图 5-5　变量和属性的字母顺序列表

💧 提示：

可以轻松地将 Result（结果）窗口中的输出复制并粘贴到 Excel 表格中，然后在 Excel 中使用该输出来创建图表。

5.6.3　保留所需的变量

在执行任何项目时，我们都有一个明确的目标，该目标已在 DCOVA&I 过程的定义部分中阐明。因此，现在需要查看与定义的问题有关的字段和变量。

```
/* 仅保留项目给定的定义中可用的变量 */

DATA WORK.CONTRACTS1 (KEEP=Contract_Reference_Number
Contract_Start_Date
Contract_Value
End_Date
```

```
Extension_Period
Review_Date
Service_responsible);
SET WORK.CONTRACTS; RUN;

PROC PRINT DATA=WORK.CONTRACTS1 (FIRSTOBS=70 OBS=75); RUN;
```

5.6.4　创建所需的欺诈指标变量

由于在定义阶段已经了解了其定义，因此在此阶段需要创建 y 变量。

```
/* 创建 y 变量
TAT = END DATE - START DATE
PERDAY = CONTACT AMOUNT / TAT

注意：END DATE（结束日期）是字符（在 PROC CONTENTS 输出中可以看到）*/

DATA WORK.CONTRACTS1;
SET WORK.CONTRACTS1;
END_DATE1=INPUT(End_Date, MMDDYY10.);
FORMAT END_DATE1 MMDDYY10.; RUN;

PROC PRINT DATA=WORK.CONTRACTS1 (OBS=10); RUN;

PROC CONTENTS DATA=WORK.CONTRACTS1; RUN;
```

现在应该查看输出，以了解所需的修改和编写的代码是否已经运行。上述代码的输出结果如图 5-6 所示。

Alphabetic List of Variables and Attributes						
#	Variable	Type	Len	Format	Informat	Label
1	Contract_Reference	Char	8	$CHAR8.	$CHAR8.	Contract Reference Number
3	Contract_Start_Date	Num	8	MMDDYY	MMDDYY10.	Contract Start Date
7	Contract_Value	Num	8	BEST11.	BEST11.	Contract Value
8	END_DATE1	Num	8	MMDDYY10.		
4	End_Date	Char	10	$CHAR10.	$CHAR10.	End Date
6	Extension_Period	Num	8	BEST2.	BEST2.	Extension Period
5	Review_Date	Char	10	$CHAR10.	$CHAR10.	Review Date
2	Service_responsible	Char	49	$CHAR49.	$CHAR49.	Service responsible

图 5-6　输出结果

在这里，需要创建一个名为 TAT 的新字段，这是一个派生字段。

```
DATA WORK.CONTRACTS1;
SET WORK.CONTRACTS1;
TAT= END_DATE1-Contract_Start_Date;
PERDAY = Contract_Value/TAT; RUN;

PROC PRINT DATA=WORK.CONTRACTS1 (OBS=10);
VAR TAT PERDAY; RUN;
```

5.6.5　组织和整理数据

现在进入组织和整理数据的阶段。

```
/ * C：无须活动
O：缺失值
使用 PROC MEANS 检查数值变量的缺失值
使用 PROC FREQ 检查字符变量的缺失值 */

PROC MEANS DATA=WORK.CONTRACTS1; RUN;
```

结果如下。

The MEANS Procedure

Variable	Label	N	Mean	Std Dev	Minimum	Maximum
Contract_Start_Date	Contract Start Date	194	19968.74	457.330218	17623	20362
Extension_Period	Extension Period	84	0.75	1.7276978	0	14
Contract_Value	Contract Value	194	702287.9	4524217.01	0	49000000
END_DATE1		83	20936.33	671.611914	20331	25383
TAT		83	1290.34	716.242691	363	5478
PERDAY		83	1167.87	6794.94	0	59157.89

现在可以使用 SAS 代码查看变量的频率分布。

```
PROC FREQ DATA=WORK.CONTRACTS1;
TABLES Service_responsible; RUN;
```

结果如下。

The FREQ Procedure

Service responsible

Service_responsible	Frequency	Percent	Cumulative Frequency	Cumulative Percent
CHIEF EXECUTIVE	1	0.52	1	0.52
COMMUNITY	21	10.82	22	11.34
Community	3	1.55	25	12.89
DEMOCRATIC LEGAL AND POLICY	12	6.19	37	19.07
Democratic Legal & Policy	2	1.03	39	20.1
ENVIRONMENT	10	5.15	49	25.26
Environment	12	6.19	61	31.44
FINANCE & COMMERCIAL	23	11.86	84	43.3
Finance & Commercial	31	15.98	115	59.28
HOUSING	5	2.58	120	61.86
HUMAN RESOURCES ICT & SHARED SUPPORT	19	9.79	139	71.65
Human Resources ICT/CSC & Shared Support Services	25	12.89	164	84.54
PLANNING	8	4.12	172	88.66
PROPERTY	11	5.67	183	94.33
Planning & Sustainability	11	5.67	194	100

现在删除分析中不使用的变量。

```
DATA WORK.CONTRACTS1 (DROP= End_Date
Extension_Period
Review_Date);
SET WORK.CONTRACTS1; RUN;
/* 在 PROC FREQ 的输出中可以看到，
由于区分大小写，某些分组将出现两次，
例如：COMMUNITY/Community；
因此，可以将所有数据转换为大写形式以实现输出的标准化
我们还可以看到，
由于一些拼写上的轻微区别而导致产生了不同的分组，
例如：DEMOCRATIC LEGAL AND POLICY/Democratic Legal & Policy
因此，需要创建相同的拼写 */

DATA WORK.CONTRACTS1;
SET WORK.CONTRACTS1;
IF Service_responsible IN ('Democratic Legal & Policy')
```

```
THEN Service_responsible= 'DEMOCRATIC LEGAL AND POLICY';
IF Service_responsible IN ('Human Resources ICT/CSC & Shared
Support Services')
THEN Service_responsible= 'HUMAN RESOURCES ICT & SHARED SUPPORT';
IF Service_responsible IN ('Planning & Sustainability')
THEN Service_responsible= 'PLANNING';
RUN;

DATA WORK.CONTRACTS1;
SET WORK.CONTRACTS1;
Service_responsible= UPCASE(Service_responsible); RUN;

PROC FREQ DATA=WORK.CONTRACTS1;
TABLES Service_responsible; RUN;
```

输出结果如下。在这里可以看到 Service responsible（服务责任）每种类型/分组的案例数量的细分，能够了解 Service responsible（服务责任）的最大分组。

The FREQ Procedure

Service responsible

Service_responsible	Frequency	Percent	Cumulative Frequency	Cumulative Percent
CHIEF EXECUTIVE	1	0.52	1	0.52
COMMUNITY	24	12.37	25	12.89
DEMOCRATIC LEGAL AND POLICY	14	7.22	39	20.1
ENVIRONMENT	22	11.34	61	31.44
FINANCE & COMMERCIAL	54	27.84	115	59.28
HOUSING	5	2.58	120	61.86
HUMAN RESOURCES ICT & SHARED SUPPORT	44	22.68	164	84.54
PLANNING	19	9.79	183	94.33
PROPERTY	11	5.67	194	100

5.6.6 可视化 y 变量

接下来将从条形图开始，以了解 Service responsible（服务责任）各个不同组成部分的 TAT 的平均值。

第一种方法是使用界面上方的任务栏命令（第二种方法则是编写 SAS 代码）。

选择 Tasks（任务）| Graph（图形）| Bar Chart Wizard（条形图向导）命令，如图 5-7 所示。

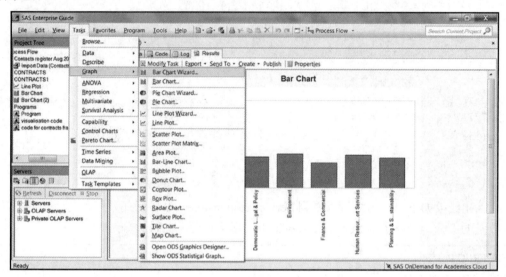

图 5-7　通过选择命令打开条形图向导

这将打开向导对话框。只需使用拖放功能即可创建图形，如图 5-8 所示。

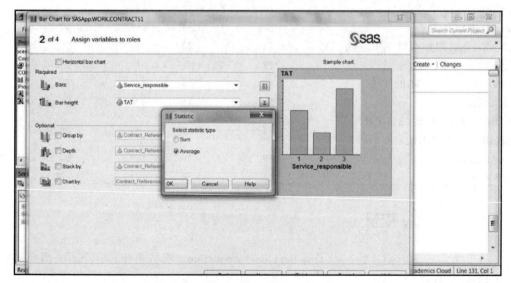

图 5-8　使用向导创建条形图

创建的条形图如图 5-9 所示。

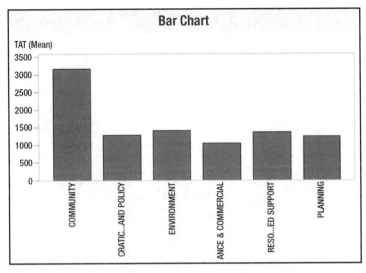

图 5-9　新创建的条形图

现在来看看如何在 SAS 中创建饼图，以便可以看到每个分组的贡献百分比。

选择 Tasks（任务）| Graph（图形）| Pie Chart Wizard（饼图向导）命令，如图 5-10 所示。

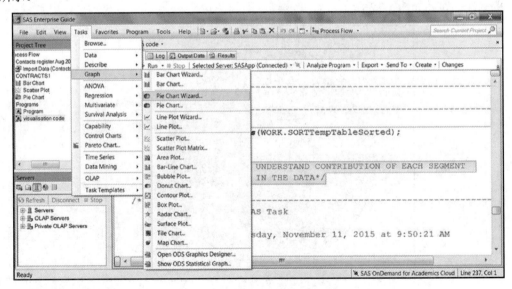

图 5-10　选择相应命令创建饼图

在打开的向导对话框中设置和创建饼图，如图 5-11 所示。

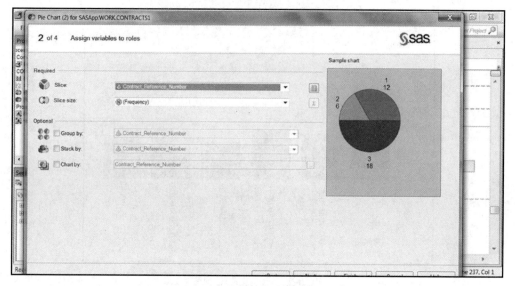

图 5-11　通过向导创建饼图

注意，选择命令将会在代码窗口中自动生成相应的代码。这是一个很便利的功能，可以复制和保存这些代码，将来要执行相同的操作时，只要粘贴代码即可。

创建的饼图如图 5-12 所示。

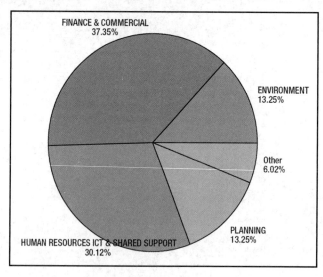

图 5-12　新创建的饼图

另外，还可以使用散点图来检查 TAT 的分布，以查看数据中是否有明显较高/较低的值（称为离群值）。

注意：

在下面的示例中，我们将针对变量 TAT 执行此操作。至于针对变量 Per Day Rate 的操作，就留作一项练习。

选择 Tasks（任务）| Graph（图形）| Scatter Plot（散点图）命令，然后为 2D 散点图选择变量（TAT），如图 5-13 所示。

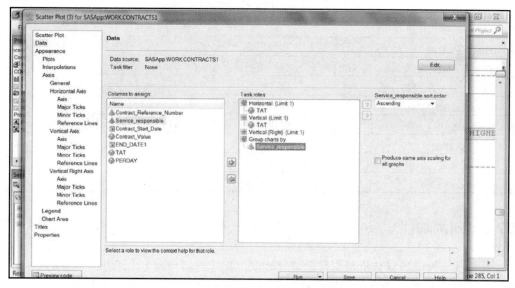

图 5-13　创建散点图以查看离群值

最后将结果导出为 PDF 格式文档。这是 SAS 中对用户很友好的功能。

5.7　R 案例研究 3

和 SAS 案例研究一样，在本示例中，我们将"欺诈"定义为挪用资金。本案例研究将通过图形和图表理解数据，以查明可能的欺诈情形。

5.7.1　关于数据

该数据由合同登记册组成，其中列出了超过 5000 美元的合同支出。

5.7.2　数据内容

该数据集列出了所有超过 5000 美元的采购支出的详细信息，包括采购订单和招标。

5.7.3　定义

该数据集包含的字段及其说明如表 5-2 所示。

表 5-2　数据集包含的字段及其说明

字　　段	说　　明
Effective Date	生效日期
Contract Reference Number	合同编号
Service responsible	服务责任
Contract Start Date	合同开始日期
End Date	结束日期（如果缺失该值，则假设仍正在进行）
Review Date	审核日期
Extension Period	天数
Contract Value	合同金额

5.7.4　问题陈述

执行探索性的数据分析以更好地理解数据，描述日期和数字字段并了解分布。

- ❑　创建列联表（Contingency Tables）、图形和图表以更好地理解数据。
- ❑　有些项目是否明显比预计的日期提前完成？
- ❑　项目的平均每日费用是多少？
- ❑　隔离应进行欺诈调查的案件。

这些合同中的欺诈可以分为以下两种类型。

- ❑　假设该项目可以在 10 天之内完成，但承包商的报价是需要 25 天。实际上，他在 10 天之内完成了工作，而另外 15 天的费用自然就进了他的腰包。
- ❑　该项目可以按每天 1 美元的价格完成，但承包商却收取了每天 5 美元的费用。

5.7.5　R 中的解决方案

现在来看看如何使用 R 工具解决此问题。

首先，按照 DCOVA&I 方法划分任务。

（1）定义。创建图形和图表，以了解可能表示欺诈的情形。欺诈定义如下。

❑　项目完成的时间远少于正常的完成时间。

❑　每日成本远高于正常的每日成本。

（2）收集数据。可以直接获得给定的数据，无须引用其他数据。

（3）组织数据。

❑　缺失值。

❑　离群值。

❑　将非数字数据转换为数字数据。

（4）可视化 Service responsible（服务责任）重要组成部分中的 y 变量。

5.8　R 代码和解决方案

现在，我们将使用 R 中的代码执行前面所述的过程。首先需要通过将数据导入 R 中来启动该过程。

5.8.1　导入数据

要导入数据，需首先设置数据保存的位置。

```
setwd('H:/springer book/Case study/CaseStudy3')
```

```
# 导入数据
mydata <- read.table("H:/springer book/Case study/CaseStudy3/Contacts
register Aug 2015 and purchase order over 5000 April to June 2015.csv",
header=TRUE, sep=',')
```

使用 dim 来看一看数据的外观。

```
dim(mydata)
```

输出如下。

```
> dim(mydata)
[1] 194  17
```

要查看数据行和列的外观，可使用以下命令：

```
View(mydata)
head(mydata, n=10)
```

还有一种图形化的操作方法，即选择 Tools（工具）| Import Dataset（导入数据集）| From Text File（从文本文件）命令，如图 5-14 所示。

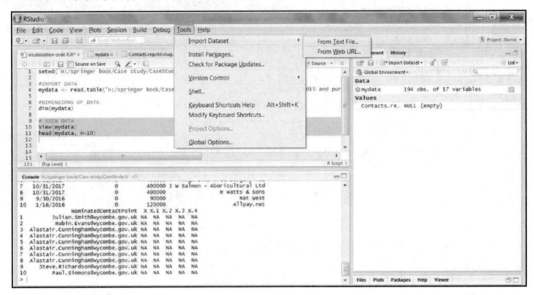

图 5-14　导入数据

5.8.2　查看内容并了解变量

现在可以查看 R 文件的内容。注意，查看变量以了解每个变量存在的格式。

```
# 查看内容
str(mydata)
```

输出如下。

```
> str(mydata)
'data.frame':  194 obs. of  17 variables:
$ Effective.Date            : chr "August 2015" "August 2015"
                              "August 2015" "August 2015" ...
$ Contract.Reference.Number : chr "342" "228" "289" "290" ...
$ Title.of.agreement        : chr "Air quality Equipment
                              Maintenance" "ANPR for car parks"
                              "Arboricultural Services"
                              "Arboricultural Services" ...
$ Service.responsible       : chr "Environment" "Environment"
                              "Planning & Sustainability"
```

```
                                  "Planning & Sustainability" ...
$ Description.of.goods.and.services : chr "Air quality Equipment
                                  Maintenance" "ANPR for car parks"
                                  "Arboricultural Services"
                                  "Arboricultural Services" ...
$ Contract.Start.Date            : chr "1/1/2015" "2/26/2013"
                                  "11/1/2014" "11/1/2014" ...
$ End.Date                       : chr "12/31/2015" "2/25/2018"
                                  "10/31/2018" "10/31/2018" ...
$ Review.Date                    : chr "11/30/2015" "10/1/2017"
                                  "10/31/2017" "10/31/2017" ...
$ Extension.Period               : int 0 2 0 0 0 0 0 0 0 0 ...
$ Contract.Value                 : num 5944 1200000 400000 400000
                                  400000 ...
$ SupplierName                   : chr "ESU1 ltd" "APT Control Ltd -
                                  Veri-Park" "Advance Tree Services
                                  Ltd" "Glendale Countryside Ltd" ...
$ NominatedContactPoint          : chr "Julian.Smith@wycombe.gov.uk"
                                  "Robin.Evans@ wycombe.gov.uk"
                                  "Alastair.Cunningham@wycombe.gov
                                  .uk" "Alastair.Cunningham@wycombe.
                                  gov.uk" ...
$ X                              : logi  NA NA NA NA NA NA ...
$ X.1                            : logi  NA NA NA NA NA NA ...
$ X.2                            : logi  NA NA NA NA NA NA ...
$ X.3                            : logi  NA NA NA NA NA NA ...
$ X.4                            : logi  NA NA NA NA NA NA ...
```

如果只想知道各个字段的标题，则可以使用 ls 命令。

```
ls(mydata)
```

输出如下。

```
> ls(mydata)
 [1]"Contract.Reference.Number"  "Contract.Start.Date"
 [3]"Contract.Value"             "Description.of.goods.and.services"
 [5]"Effective.Date"             "End.Date"
 [7]"Extension.Period"           "NominatedContactPoint"
 [9]"Review.Date"                " Service.responsible"
[11]"SupplierName"               "Title.of.agreement"
[13]"X"                          "X.1"
[15]"X.2"                        "X.3"
[17]"X.4"
```

5.8.3　保留所需的变量

现在可以仅保留相关变量，删除不会用于进一步分析的变量。

```
# 删除变量 13,14,15,16,17
newdata1 <- mydata[c( -13, -14, -15, -16, -17)]
head(newdata1, n=10)
ls(newdata1)
newdata1$Effective.Date<-NULL
newdata1$Description.of.goods.and.services<-NULL
newdata1$Extension.Period<-NULL
newdata1$NominatedContactPoint<-NULL
newdata1$Review.Date<-NULL
newdata1$SupplierName<-NULL
newdata1$Title.of.agreement<-NULL
```

使用 dim 和 str 代码来了解一下数据的变化方式。

```
dim(newdata1)
```

输出如下。

```
> dim(newdata1)
[1] 194 5
```

使用 str 查看数据。

```
str(newdata1)
```

输出如下。

```
> str(newdata1)
 'data.frame':              194 obs. of  5 variables:
 $ Contract.Reference.Number: chr "342" "228" "289" "290" ...
 $ Service.responsible       : chr "Environment" "Environment" "Planning
                               & Sustainability" "Planning &
                               Sustainability" ...
 $ Contract.Start.Date       : chr  "1/1/2015" "2/26/2013" "11/1/2014"
                               "11/1/2014" ...
 $ End.Date                  : chr "12/31/2015" "2/25/2018" "10/31/2018"
                               "10/31/2018" ...
 $ Contract.Value            : num 5944 1200000 400000 400000 400000 ...
```

5.8.4　创建所需的欺诈指标变量

这是在定义阶段用数学术语定义的业务问题。

```
# 创建 Y 变量
# TAT = END DATE - START DATE
# PERDAY = CONTACT AMOUNT / TAT

# 将日期有关的变量转换为 Date 格式
newdata1$Contract.Start.Date1<- as.Date(newdata1$Contract.Start.Date,
"%m/%d/%Y")
newdata1$End.Date1<- as.Date(newdata1$End.Date,"%m/%d/%Y")
str(newdata1)
```

现在可以删除冗余变量。

```
newdata1$Contract.Start.Date<-NULL
newdata1$End.Date<-NULL
str(newdata1)
```

输出如下。

```
> str(newdata1)
 'data.frame':                 165 obs. of  5 variables:
 $ Contract.Reference.Number : chr "342" "228" "289" "290" ...
 $ Service.responsible       : chr "Environment" "Environment"
                               "Planning & Sustainability" "Planning
                               & Sustainability" ...
 $ Contract.Value            : num 5944 1200000 400000 400000 400000 ...
 $ Contract.Start.Date1      : Date, format: "2015-01-01" "2013-02-26"
                               "2014-11-01" ...
 $ End.Date1                 : Date, format: "2015-12-31" "2018-02-25"
                               "2018-10-31" ...
```

接下来可以创建新变量。它们都是将在分析中使用的派生变量，可以使用 **str** 代码来了解数据集中的修改。

```
newdata1$tat<- newdata1$End.Date1-newdata1$Contract.Start.Date1
newdata1$tat1<- as.numeric(newdata1$tat)
newdata1$perday<- newdata1$Contract.Value/newdata1$tat1

str(newdata1)
```

输出如下。

```
> str(newdata1)
'data.frame':               194 obs. of  8 variables:
$ Contract.Reference.Number : chr "342" "228" "289" "290" ...
$ Service.responsible       : chr "Environment" "Environment" "
                            Planning & Sustainability" "Planning
                            & Sustainability" ...
$ Contract.Value            num 5944 1200000 400000 400000 400000 ...
$ Contract.Start.Date1      : Date, format: "2015-01-01" "2013-02-26"
                            "2014-11-01" ...
$ End.Date1                 : Date, format: "2015-12-31" "2018-02-25"
                            "2018-10-31" ...
$ tat                       : Class 'difftime'  atomic [1:194] 364 1825
                            1460  1460  1460  ... .. ..- attr(*,
                            "units")= chr "days"
$ tat1                      : num 364 1825 1460 1460 1460 ...
$ perday                    : num 16.3 657.5 274 274 274 ...
```

5.8.5　组织和整理数据

现在进入 DCOVA&I 框架中的组织和整理数据阶段。

```
# C：无须活动
# O：缺失值
# 检查缺失值：在 R 中，缺失值作为 NA 值导入
```

检查缺失的值。

```
sapply(newdata1, function(x) sum(is.na(x)))
```

输出如下。

```
> sapply(newdata1, function(x) sum(is.na(x)))
Contract.Reference.Number       Service.responsible       Contract.Value
                        0                         0                    0
     Contract.Start.Date1                 End.Date1                  tat
                        0                       110                  110
                     tat1                    perday
                      110                       110
```

删除缺失结束日期的观察值，保留数据完整的观察值，这样就可以解决缺失值的问题。

```
newdata2<- newdata1[complete.cases(newdata1[,5:8]),]
```

检查频率以了解 Service.responsible 变量中的分组，这样可以知道各个子分组对于数据的贡献。

该操作将使用 plyr 软件包。因此，在开始之前需要先安装该软件包。

```
# 安装软件包

install.packages('plyr')
library('plyr')
```

创建一个频率表以了解子分组。

```
table1 <-count(newdata2, 'Service.responsible')
```

table1 创建完成，但是要查看输出，还需要编写以下代码。

```
table1
```

输出如下。

```
> table1
                               Service.responsible freq
1                                        Community    3
2                          Democratic Legal & Policy    2
3                                      Environment   11
4                               Finance & Commercial   31
5  Human Resources ICT/CSC & Shared Support Services   25
6                            Planning & Sustainability   11
```

注意：

R 对变量内的观测值不区分大小写（这与 SAS 不一样）。

5.8.6　可视化 y 变量

要了解 Service_responsible 变量的不同分组的 TAT 平均值，需要创建一个图表。编写代码如下：

```
barplot(with(newdata2, tapply(tat, Service.responsible, mean) ))
```

结果如图 5-15 所示。

注意：

还可以探索 ggplot2 软件包中的条形图功能，当然在此之前必须先安装软件包。

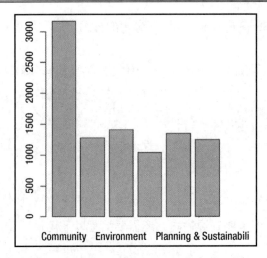

图 5-15　创建图表以查看 Service_responsible 变量的不同分组的 TAT 平均值

现在可以创建一个饼图来了解每个分组的贡献。

对于数据中的 Service_responsible，我们想要了解每个分组占总体的百分比。此操作需要安装 MASS 库才能继续。如果尚未安装该库，应先输入代码安装该库。

```
library(MASS)
```

在系统中创建频率表。

```
serv.freq = table(newdata2$Service.responsible)
```

将该表的输出转换为饼图。

```
pie(serv.freq)
```

其结果如图 5-16 所示。

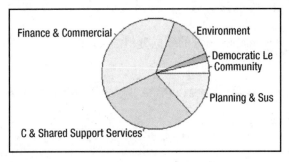

图 5-16　输出的饼图

接下来可以绘制散点图以检查 TAT 或 Per Day Rate 的分布，查看数据中是否有明显较高/较低的值（即所谓的离群值或异常值）。

✍ 注意：

在下面的示例中，我们将针对变量 TAT 执行此操作。至于针对变量 Per Day Rate 的操作，就留作一项练习。

```
plot(newdata2$tat)
```

结果如图 5-17 所示（画圈处疑似为离群值）。

```
# 散点图 1
newdata3 <- subset(newdata2,newdata2$Service.responsible=='Community')
plot(newdata3$tat)

# 散点图 2
newdata4 <- subset(newdata2,newdata2$Service.responsible=='Democratic
Legal & Policy')
plot(newdata4$tat)

# 散点图 3
newdata5 <- subset(newdata2,newdata2$Service.responsible=='Environment')
plot(newdata5$tat)
```

结果如图 5-18 所示。

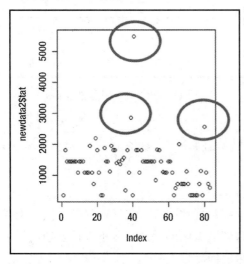

图 5-17　绘制散点图以检查 TAT

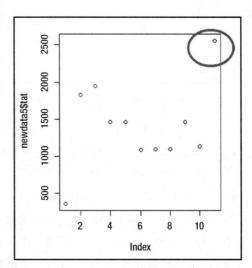

图 5-18　散点图绘图结果 1

```
# 散点图 4
newdata6 <- subset(newdata2,newdata2$Service.responsible=='Finance &
Commercial') plot(newdata6$tat)
```

结果如图 5-19 所示。

```
# 散点图 5
newdata7 <- subset(newdata2,newdata2$Service.responsible=='Human Resources
ICT/CSC & Shared Support Services')
plot(newdata7$tat)
```

结果如图 5-20 所示。

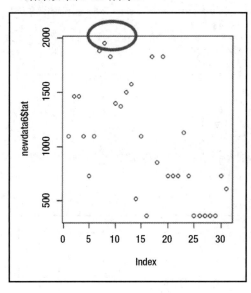

图 5-19　散点图绘图结果 2

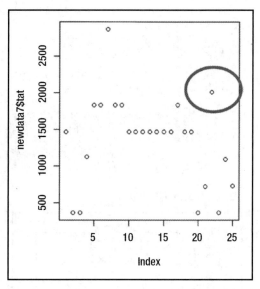

图 5-20　散点图绘图结果 3

```
# 散点图 6
newdata8 <- subset(newdata2,newdata2$Service.responsible=='Planning &
Sustainability') plot(newdata8$tat)
```

结果如图 5-21 所示（无离群值）。

现在我们已经了解了如何通过可视化来理解数据并回答一些基本问题。接下来我们将介绍一种常用的统计技术，该技术可用于理解数据中的关联。分析人员常使用相关性（Correlation）和协方差（Covariance）来描述这种关联。

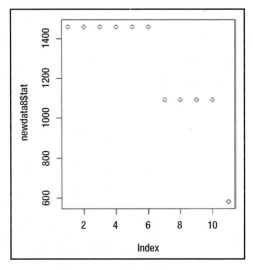

图 5-21　散点图绘图结果 4

5.9　相关性和协方差

相关性（Correlation）是变量之间关联的第一个度量。我们讨论的是线性关系类型的关联。因此，我们要了解的是，如果将 X 增加或减少一定的值，那么对 Y 的影响是什么？

当 X 增加时 Y 变量会增加，而当 X 减少时 Y 变量会减少吗？如果是，则这是正相关，因为 X 变量和 Y 变量之间的运动方向是相同的。

例如，随着夏季热量的增加，市场中杧果的数量也会增加。另外，夏季热量随着降雨的开始而减少，则市场上杧果的数量也减少了。

综上所述，相关性测量的是两个变量之间线性关系的相对强度，并具有以下特性。

❏　无量纲。

❏　介于-1 和 1 之间。

❏　越接近-1，负线性关系越强。

❏　越接近 1，正线性关系越强。

❏　越接近 0，则任何正线性关系越弱。

协方差（Covariance）是两个随机变量一起变化程度的度量。什么是随机变量（Random Variable）？可以针对不同观察值采用一组不同值的任何变量字段称为随机变量。因此，数据集中具有多个值的所有字段都是随机变量。

一起变化是什么意思？如果一个变量的较大值与其他变量的较大值相对应或与其他

变量的较小值相对应，则它们会一起更改。由此可以得出结论：一个变量的高值反映在第二个变量的高值中；或者可以得出结论：一个变量的高值反映在第二个变量的低值中。在第一种情况下，当一个变量的高值反映第二个变量的高值时，协方差为正。在第二种情况下，当一个变量的高值反映第二个变量的低值时，协方差为负。

协方差与相关性有何不同？相关性是协方差的成比例版本。

$$\text{cor}(X,Y)= \text{cov}(X,Y)/\text{sd}(X)\text{sd}(Y)$$

即 X,Y 的相关性 $= X,Y$ 的协方差/(标准偏差 $X \times$ 标准偏差 Y)。

由于相关性是从协方差得出的，因此两个参数始终具有相同的符号（正、负、零）。由于分子和分母具有相同的物理单位，故相关性是无量纲的。另一方面，协方差的度量则使用与变量 X 和 Y 相同的单位。

5.10　对相关性的解释

可以通过相关性系数（Correlation Coefficient）来衡量相关性。该相关性系数可以是 0～1 的数字。但是，相关性具有方向，相关性系数也有方向。因此，通常来说相关性可以在-1 和 +1 之间。

需要注意的是，在讨论相关性时，-1 并不小于+1，因为这里的正负仅反映关系的方向。

有趣的是，对于非线性/曲线关系，相关性系数也将存在。线性关系具有直接比例关系，当变量 2（X）发生变化时，线性关系会导致变量 1（Y）以相等的值发生变化。但是，当处于非线性或曲线关系时，因变量和自变量之间没有比例关系，这与变量 2（X）和变量 1（Y）发生一致变化的情况是不一样的。

第 6 章 概 率

本章将介绍概率的概念以及如何使用 SAS 和 R 工具计算概率，同时介绍分布的概念（尤其是正态分布），以及如何使用 SAS 和 R 处理分布。

本章将讨论以下主题：

❑ 概率的定义
❑ 独立事件的概率和条件事件的概率
❑ 贝叶斯定理
❑ 计算概率的频率
❑ 使用 SAS 研究概率问题
❑ 使用 R 研究概率问题

6.1 概率的定义

事件发生的可能性就是概率（Probability）。

例如，今天下雨的可能性是多少？购买彩票时，获得大奖的概率有多大？按照某个学生现有的成绩，考上清华大学的可能性是多少？

American Heritage Dictionary（《美国遗产词典》）将概率论（Probability Theory）定义为研究随机事件发生可能性以预测已定义系统行为的数学分支。但是，许多事件是无法完全确定的，因此，最多只能按可能性的说法，那就是事件发生的概率。

事件发生的概率 = 可能发生的方式数/结果总数

在日常生活中，人们也会经常使用"概率"或"可能性"等词。统计学中"概率"的含义与日常生活中"概率"的含义是相同的。

例如，如果在过去 10 天内，公交车有 8 天都是晚点到达的，那么，今天公交车晚点的可能性大吗？

答案是 8/10，也就是说，今天公交车晚点的概率为 80%。

用骰子掷出 4 点的概率如下：

```
# 可能发生的方式数：1（只有 1 面标记为 4）
# 结果总数：6（骰子总共有 6 面）
```

因此，掷出 4 点的概率为 1/6。

事件发生的概率是多少？概率始终是 0～1 或 0～100%的数字；0 表示不可能发生，而 1（或 100%）意味着一定会发生。

事件不会发生的概率是多少？如果知道事件发生的可能性，则很容易计算出事件不发生的可能性。

如果 $P(A)$ 是事件 A 的概率，则 $1 - P(A)$ 就是事件不发生的概率。因此，用骰子掷不出 4 点的概率是 5/6。

6.2　独立事件的概率：两个或多个事件的概率

如果每次只能发生事件 A 或只能发生事件 B，则事件 A 和事件 B 连续发生的概率是多少？例如，当你抛掷硬币时，只能出现正面朝上或反面朝上的情况。这样很容易知道抛硬币时获得正面朝上的概率为 1/2（或 0.5）。那么，连续发生两次正面朝上的可能性是多少？换句话说，就是先抛出一个正面朝上，然后又抛出一个正面朝上的概率是多少？该概率是两次独立事件概率的乘积，即 1/2×1/2 或 0.5×0.5，结果是 1/4 或 0.25。

如果事件 A 和事件 B 是独立的，则事件 A 和事件 B 连续发生的可能性如下：

$$P(A \text{ and } B) = P(A) \times P(B)$$

其中，$P(A \text{ and } B)$ 是事件 A 和 B 连续发生的概率，$P(A)$ 是事件 A 发生的概率，$P(B)$ 是事件 B 发生的概率。

现在，事件 A 或事件 B 连续发生的概率是多少？例如，如果两次掷硬币，那么这两次结果不一样的概率是多少？即第一次正面朝上时，第二次则反面朝上；第一次反面朝上时，则第二次正面朝上。

假设事件 A 是指第一次正面朝上，事件 B 是指第二次正面朝上，则 $P(A) = 1/2$，$P(B) = 1/2$，$P(A \text{ and } B) = 1/4$。

因此，

$$P(A \text{ or } B) = 1/2 + 1/2 - 1/4 = 3/4$$

6.3　条件事件的概率：两个或多个事件的概率

一副扑克有 52 张纸牌（去掉大小王），其中有 4 张 A。玩家在第一次抓牌时拿到任何一张 A 的概率是多少？

$P(A) =$ 发生的方式数/事件总数

$P(ACE) = 4/52 = 1/13$

如果要计算在第二次抓牌时拿到任何一张 A 的概率，则公式将需要修改。

为什么？这是因为可用的 A 牌的数量从 4 变成了 3。

因此，如果第一张纸牌抓到 A，要计算第二张纸牌也抓到 A 的概率就称为条件概率（Conditional Probability）。在本示例中，条件是第一张牌抓到 A。

这个概率是多少？在第一次抽中一张 A 之后，剩下的 51 张卡中就只有 3 张 A。

这意味着第二张纸牌也抓到 A 的概率为 3/51 = 1/17。

如果事件 A 和事件 B 不是独立的，则可以使用以下方法来计算其概率：

$$P(A \text{ and } B) = P(A) \times P(B|A) = 4/52 \times 3/51 = 1/221$$

6.4 使用概率的原因

如果知道事件发生的可能性或概率，则可以做出更好的业务决策。例如，如果保险公司知道过去两年某业务的赔付率（Loss Ratio）为 2%，则可以据此调整费率，以推出更有竞争力的产品。

这还只是概率的简单用法。当开始使用概率分布（Probability Distribution）进行决策时，概率将变得更加复杂。例如，商店老板绘制了客户在过去一年中需求的牛奶升数，他发现，在 68%的时间里，需求量为 50L，在 2%的时间（节假日），需求量增加为 100L。

他应该在自己的商店中存放多少牛奶？通过上述统计，他可以轻松做出以下决策。

❑ 正常情况下，储备 50L 牛奶。

❑ 假期储备 100L 牛奶。

有以下两种主要的方法来计算概率。

❑ 使用贝叶斯定理（Bayes' Theorem），该定理解释了条件概率，这是一个数学计算。

❑ 使用频率来计算概率。

    ➤ 对于离散变量，可使用直方图/频率表。

    ➤ 对于连续变量，可使用与分布有关的定理，尤其是正态分布。其中包括经验法则（Empirical Rule）和切比雪夫定理（Chebyshev's Theorem）。

6.5　使用贝叶斯定理计算概率

贝叶斯定理的概率和似然（Likelihood）关系有两个基本概念。当抛硬币时，正面或反面朝上的次数均等，这样的硬币被称为公平（Fair）硬币。但是，在玩这个游戏时，有人却可能连续 8 次投掷出正面朝上这样极小概率的结果，这样的硬币被称为欺诈（Fraud）硬币。

现在我们把人的行为物化一下。假设有两枚硬币，并且想要检查哪一枚是公平硬币。将两枚硬币都抛掷了 10 次，结果如下：对于硬币 1，5 次正面朝上和 5 次反面朝上；对于硬币 2，8 次正面朝上和 2 次反面朝上。因此，可以得出结论，硬币 1 是公平硬币，而硬币 2 是有偏向的欺诈硬币。

贝叶斯定理解释了如何基于新证据或新事件来更新或修订基于证据的信念的优势。这是一个重要的应用，因为业务场景不断变化，并且业务经理需要在每个阶段做出最佳决策。

贝叶斯定理关联了随机事件（即无法像抛硬币的结果那样准确预测的事件）的条件概率（Conditional Probability）和边际概率（Marginal Probability）。

假设事件为 A 和 B：

$$P(A|B) = (P(B|A) \times P(A))/P(B)$$

贝叶斯定理中的每个项目都有其名称：

❑　$P(A)$ 是 A 的先验概率（Prior Probability）或边际概率（Marginal Probability）。它是先验的，不考虑任何有关 B 的信息。

❑　$P(A|B)$ 是给定 B 的 A 的条件概率，也称为后验概率（Posterior Probability）。因为它是从 B 的指定值得出或依赖于 B 的指定值。

❑　$P(B|A)$ 是在给定 A 的情况下 B 的条件概率。

❑　$P(B)$ 是 B 的先验概率或边际概率，并且用作归一化常数。

❑　$P(B|A)/P(B)$ 称为似然函数（Likelihood Function，也称为可能性函数）。

6.5.1　贝叶斯定理的似然性

让我们来看下面这个例子：

$$P(A|B) \; \alpha \; L(A|B) \times P(A)$$

在这里，$L(A|B)$ 是给定特定 B 值的 A 的可能性。因此，该规则是关系 $P(B|A) = L(A|B)$ 的结果。

通常可以将似然函数 L 乘以一个常数因子，使其与条件概率 P 成比例（尽管不等于）。

前面已经讨论过，条件概率 P 是事件 B 发生的情况下事件 B 发生的概率。例如，如果我们讨论的是雨后出现彩虹的可能性，则在这种情况下，讨论的就是事件 B（下雨）发生之后，出现事件 A（彩虹）的条件概率。

基于此理解，我们可以声明：

后验概率（事件 B 发生后事件 A 发生的概率）＝（似然函数×先验概率)/归一化常数

如你所知，事件 A 发生的先验概率是事件 B 发生之前的概率。

后验概率与先验概率和似然函数的乘积成正比，如下：

$$后验概率 ＝ 归一化之后的似然函数×先验概率$$

6.5.2　从条件概率推导贝叶斯定理

给定事件 B 发生之后发生事件 A 的概率如下：

$$P(A|B)= P(A \cap B)/P(B)$$

同样，给定事件 A 发生之后发生事件 B 的概率如下：

$$P(B|A)= P(A \cap B)/P(A)$$

重新排列和合并这两个公式，可得：

$$P(A|B)P(B)= P(A \cap B)= P(B|A)/P(A)$$

假设 $P(B)$ 为非零值，则将两边除以 $P(B)$，即可获得贝叶斯定理（见图 6-1）。

$$P(A|B)=(P(B|A)×P(A))/P(B)$$

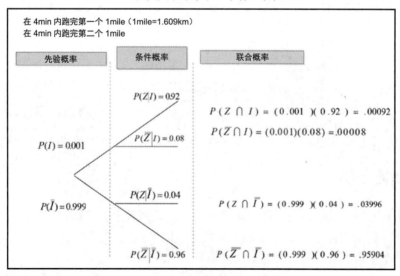

图 6-1　贝叶斯定理

在贝叶斯的解释中，概率表示对某种事件将在证据之前和之后发生的信念（Belief）。

因此，人们会认为硬币有 50% 的机会正面朝上或反面朝上。如果某一枚硬币不符合这一情况，那么它就是有偏向的欺诈硬币。对于该硬币，抛掷 10 次可以看到 8 次正面朝上和 2 次反面朝上。基于这一证据，人们相信该硬币正面和反面机会均等的信念程度将会改变。因此，我们可以开始讨论主观概率（Subjective Probability），而这正与一枚硬币有关。

6.5.3　决策树：用它来理解贝叶斯定理

提高对贝叶斯定理的理解的一个简单技巧是使用决策树，如图 6-2 所示。决策树（Decision Tree）的目的是用图形表示贝叶斯定理，使人们可以轻松地理解某个过程或一系列事件的不同点处的概率。决策树的每个分支代表一个可能的决策或事件的发生。使用分支表明每个选项是互斥的。采用这种结构，我们可以轻松地解决许多问题并以简单的格式显示问题（即显示不同事件和决策之间的关系）。

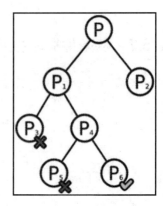

图 6-2　决策树

决策树提供了选择、概率和机会的可视化表示，并且是分解复杂情况的简便方法。其优点是它像流程图一样工作，并且所有部分都是互斥的。

可以使用决策树来选择：

❑　最大化理想的结果。

❑　尽量减少不良后果。

❑　所有结果中最可能的替代方法。

6.6　计算概率的频率

可以使用事件发生的频率（发生特定事件的次数）来了解事件发生的可能性/概率。

6.6.1　离散变量

对于离散变量，可使用直方图或频率表表示。这两种数据表示形式最适合离散变量。如前文所述，离散变量是不能包含任何小数或中间值的变量。例如，出现在某个密室中的人数、某个富豪拥有的汽车数量。

在频率学派的解释中，概率衡量的是结果的一部分，而这正是查看数据透视表或频率图表时所做的事情。

6.6.2　连续变量

对于连续变量，可使用与分布有关的定理，尤其是正态分布，其中包括经验法则和切比雪夫定理。如前文所述，连续变量可以是整数或小数。例如，客户的年龄。

6.6.3　正态分布

对于离散变量，概率分布包含每个可能结果的概率，该概率由结果计数除以总计数得出。因此，如果掷硬币 10 次，得到 6 次正面朝上和 4 次反面朝上，则正面的概率分布为 60%，反面的概率分布为 40%。

但是，当要查看连续变量（如时间、年龄、收入）出现的概率分布时，获得的将是一条连续曲线，因为这些变量可以具有许多值，包括小数值。连续变量的分布称为连续分布的概率密度（Continuous Distributions' Probability Densities）。当此概率密度曲线的形状像钟形时，称为正态分布（Normal Distribution）。自然发生的现象遵循正态分布。例如，如果要绘制成年人的身高，就会发现矮个子（低于 1.4m）的很少，高个子（高于 2.1m）的也很少。大多数人都介于这两者之间。

对于样本量大于 30 个观察值的连续变量，分布接近正态性。为什么是 30？这个数字来自不同亲代种群的简单采样模拟（均匀、正态、指数、三角形）的结果，并且当样本量达到 30～32 时，均值的分布开始看起来是正态的。这就是遵循经验法则的原因。

💡提示：

当样本 $n \geq 30$ 时，常称为"大样本"；当 $n < 30$ 时，称为"小样本"。

正态分布的特征是什么？
- ❑　正态分布在均值周围对称。
- ❑　正态分布的平均值和中位数相等。
- ❑　正态曲线下的面积等于 1 或 100%。
- ❑　正态分布的中心较密集，尾部较不密集；它们是钟形的。
- ❑　正态分布由两个参数定义：平均值（μ）和标准偏差（σ）。因此，如果输入平均值和标准偏差值，则可以生成正态分布样本。

💡提示：

正态分布曲线也称为高斯曲线和钟形曲线。

标准正态分布具有某些特征，可以在经验法则下理解这些特征（见图 6-3）。

❑　68%的值/观测值位于平均值±1σ 之间。

❑　95%的值/观测值位于平均值±2σ 之间。

❑　99.7%的值/观测值位于平均值±3σ 之间。

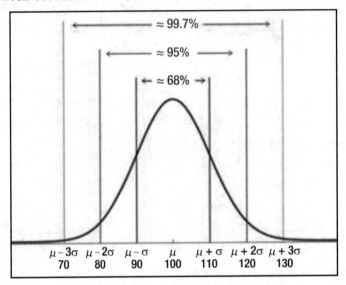

图 6-3　根据经验法则总结的正态分布和概率

如何计算发生概率？可以使用经验法则了解概率。

📐 注意：

在第 1.2.1 节"质量运动"中介绍过的六西格玛（Six Sigma）规则就是经验法则（Empirical Rule）的扩展。西格玛就是借用了指代标准偏差的 σ 字符，要实现六西格玛质量，则一个过程所产生的缺陷数不得超过每百万 3.4 个缺陷。

6.6.4　变量不是正态分布的情形

如果不知道分布类型，则事件发生的频率该如何计算？或者说，如果看到分布不是正态分布该怎么办？经验法则仅适用于钟形分布，即使如此，它也只是以近似值表示的。当然，均值和标准差确实可以定义分布情况。

可以使用切比雪夫定理（Chebyshev's Theorem）来理解预期在均值和标准差之间存在的最小频率（见图 6-4）。

❑　至少 75%的值/观测值位于平均值±2σ 之间。

❏ 至少 88.89%的值/观测值位于平均值±3σ 之间。

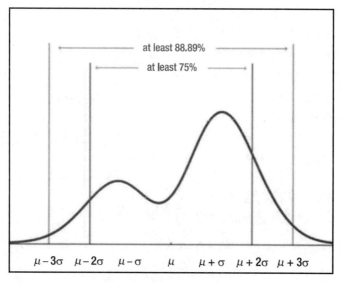

图 6-4　切比雪夫定理

切比雪夫定理给出了必须包含在给定平均值标准偏差数字内的数据的最小比例。因此，在指定区域内发现的实际比例可能大于该定理所保证的比例。

6.7　SAS 案例研究 4

现在来看一下使用 SAS 工具解决与概率相关的业务问题的方法。需要说明的是，本案例研究中的 DCOVA&I 过程略有顺序变化，但不影响 DCOVA&I 过程的有效性。

6.7.1　问题陈述

某公司拥有自动服务请求系统。该公司的所有客户都可以拨打帮助热线号码，客户服务主管将服务请求记录到系统中，并且生成一个自动小票（Ticket）ID 或服务请求号（Service Request Number，SR 号）。该小票 ID 与客户共享。成功解决请求后，客户服务主管会给客户一个状态呼叫（Status Call）并关闭系统上的小票。

捕获的其他数据点包括以下方面。

❏ Entitlement：请求类型。

　　❑　Impact：该问题对客户业务的影响。

　　❑　Billable：是收费服务还是免费服务。

　　❑　Date Opened：将服务请求放入系统中的时间戳。

　　❑　Closed Date：系统中关闭服务请求的时间戳。

该公司希望知道解决服务请求所需的平均时间。这个平均时间会因影响的不同而有所变化吗？如果公司想要根据不同的影响对客户承诺解决问题的时间（即推出服务等级协议），应该使用哪些数据？

6.7.2　导入数据

我们将使用 SAS 解决这个业务问题。

设置数据在系统或服务器上的存储位置。

```
/* 设置工作目录 */

LIBNAME A "/home/subhashini1/my_content"; RUN;
```

将数据导入 SAS。

```
/* 导入数据 */

FILENAME REFFILE "/home/subhashini1/my_content/Resolution time for Service request.csv"
TERMSTR=CR;

PROC IMPORT DATAFILE=REFFILE
    DBMS=CSV
    OUT=WORK.RESOLUTION;
    GETNAMES=YES;
RUN;
```

6.7.3　查看数据

将数据放入系统后，即可了解数据中包含哪些变量以及数据变量所采用的格式。

```
/* 检查数据的内容 */
PROC CONTENTS DATA=WORK.RESOLUTION; RUN;
```

结果如图 6-5 所示。

Alphabetic List of Variables and Attributes				
# Variable	Type	Len	Format	Informat
5 Billable	Char	1	$1.	$1.
7 Closed Date	Num	8	DATETIME.	ANYDTDTM40.
6 Date Opened	Num	8	DATETIME.	ANYDTDTM40.
3 Entitlement	Char	55	$55.	$55.
4 Impact	Char	11	$11.	$11.
2 SR Type	Char	8	$8.	$8.
1 SR number	Char	13	$13.	$13.

图 6-5　查看数据中的变量

6.7.4　定义业务问题

现在使用 DCOVA&I 框架来解决该项目。

先从定义业务问题开始。

```
/* D = 创建 y 变量 = 创建解决问题的时间 */

DATA WORK.RESOLUTION;
SET WORK.RESOLUTION;
RESOLUTION_TIME = 'Closed Date'N-'Date Opened'N;  RUN;

PROC UNIVARIATE DATA= WORK.RESOLUTION;
VAR RESOLUTION_TIME; RUN;
```

结果如图 6-6 所示。

可以看到有一行包含缺失值，因此可删除该行。

```
/* 删除 RESOLUTION TIME 中的 1 个观察值，因为它包含缺失值 */

DATA WORK.RESOLUTION;
SET  WORK.RESOLUTION;
WHERE RESOLUTION_TIME NE.; RUN;

PROC MEANS DATA= WORK.RESOLUTION;
VAR RESOLUTION_TIME; RUN;
```

结果如图 6-7 所示。

Missing Values			
Missing Value	Count	Percent Of	
		All Obs	Missing Obs
.	1	0.85	100.00

Analysis Variable : RESOLUTION_TIME				
N	Mean	Std Dev	Minimum	Maximum
117	4568414.36	5189604.59	6480.00	17142840.00

图 6-6　缺失值　　　　　　　　　图 6-7　查看 RESOLUTION_TIME 变量

为了更好地理解数据，可以转换解决问题的时间。将 RESOLUTION_TIME 变量的时间值从秒数转换为天数。

```
/* 将解决问题的时间转换为天数 */

DATA WORK.RESOLUTION;
SET  WORK.RESOLUTION;
RESOLUTION_DAYS= RESOLUTION_TIME/(24*60*60);  RUN;

PROC MEANS DATA= WORK.RESOLUTION;
VAR RESOLUTION_DAYS; RUN;
```

结果如图 6-8 所示。

Analysis Variable : RESOLUTION_DAYS				
N	Mean	Std Dev	Minimum	Maximum
117	52.8751662	60.0648679	0.0750000	198.4125000

图 6-8　将解决问题的时间单位从秒转换为天

6.7.5　可视化

现在来看一下箱形图中的一些可视化效果。

箱形图（Box Plot）又称为盒式图或箱线图，是一种用于显示一组数据分散情况的统计图。箱形图主要用于反映原始数据分布的特征，也可以进行多组数据分布特征的比较。

要创建箱形图，可以选择 Tasks（任务）| Graph（图形）| Box Plot（箱形图）命令，如图 6-9 所示。

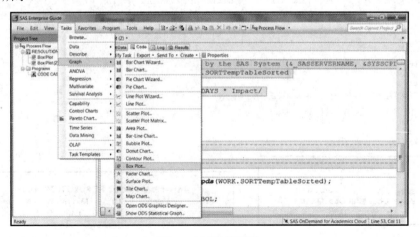

图 6-9　创建箱形图

如前文所述，使用命令创建图形时，SAS 会在代码窗口自动生成代码。本示例自动生成的代码如下。

```
/* --------------------------------------------------------------
   Code generated by SAS Task

   Generated on: Friday, February 19, 2016 at 9:12:58 PM
   By task: Box Plot (2)

   Input  Data: SASApp:WORK.RESOLUTION
   Server: SASApp
   --------------------------------------------------------------*/

%_eg_conditional_dropds(WORK.SORTTempTableSorted);
/* --------------------------------------------------------------
   Sort data set SASApp:WORK.RESOLUTION
   --------------------------------------------------------------*/

PROC SQL;
   CREATE VIEW WORK.SORTTempTableSorted AS
      SELECT T.Impact, T.RESOLUTION_DAYS
   FROM WORK.RESOLUTION as T
;
QUIT;

SYMBOL1    INTERPOL=BOX    VALUE=CIRCLE
   HEIGHT=1
   MODE=EXCLUDE
;
Axis1
   STYLE=1
   WIDTH=1
   MINOR=NONE

;
Axis2
   STYLE=1
   WIDTH=1
   MINOR=NONE

;
TITLE;
TITLE1 "Box Plot";
FOOTNOTE;
```

```
FOOTNOTE1 "Generated by the SAS System (&_SASSERVERNAME, &SYSSCPL) on
%TRIM(%QSYSFUNC(DATE(), NLDATE20.)) at %TRIM(%SYSFUNC(TIME(),
TIMEAMPM12.))";
PROC  GPLOT  DATA=WORK.SORTTempTableSorted
;
    PLOT RESOLUTION_DAYS * Impact/
    VAXIS=AXIS1

    HAXIS=AXIS2

;
/* --------------------------------------------------------------------
    End of task code
    ------------------------------------------------------------------*/
RUN; QUIT;
%_eg_conditional_dropds(WORK.SORTTempTableSorted);
TITLE;  FOOTNOTE;
GOPTIONS  RESET  = SYMBOL;
```

结果如图 6-10 所示。

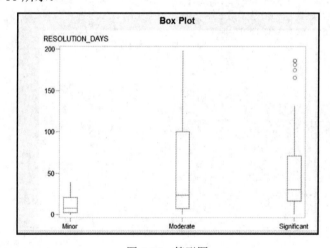

图 6-10　箱形图

✍注意：

某些服务请求的关闭时间很长。

6.7.6　查看变量的基本统计信息

现在来看一下数据中有关变量的基本统计信息。

如前文所述，这些信息被称为描述性统计。其操作方法如下。

选择 Tasks（任务）| Describe（描述）| Summary Statistics（摘要统计）命令，如图 6-11 所示。

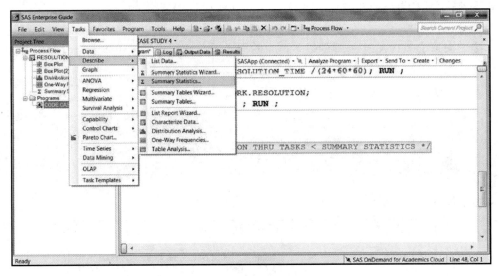

图 6-11　查看变量的基本统计信息

结果如图 6-12 所示。

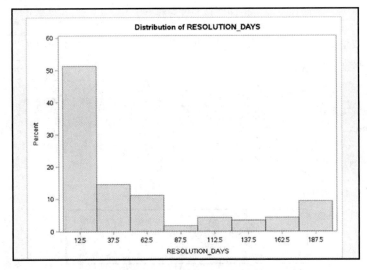

图 6-12　RESOLUTION_DAYS 变量的分布

✎ **注意：**

解决问题的时间大多数少于或等于 100 天。

6.7.7　组织和整理数据

接下来是 DCOVA&I 处理的以下两个阶段：收集和组织。由于本示例没有要合并或追加的数据，因此在收集阶段不需要做什么。

在组织数据时，可以查看缺失值。

```
/*C & O：收集（C）和组织（O）数据
检查缺失值　*/


PROC MEANS DATA=WORK.RESOLUTION; RUN;
```

结果如图 6-13 所示。

The MEANS Procedure

Variable	N	Mean	Std Dev	Minimum	Maximum
Date Opened	117	1727250303	13915441.23	1704272040	1751789880
Closed Date	117	1731818717	13973749.84	1705224600	1751884620
RESOLUTION_TIME	117	4568414.36	5189604.59	6480.00	17142840.00
RESOLUTION_DAYS	117	52.8751662	60.0648679	0.0750000	198.4125000

图 6-13　查看缺失值

要查看非数值数据中的缺失值，可以使用 PROC FREQ 而不是 PROC MEANS。PROC MEANS 仅用于数字数据。

```
PROC FREQ DATA=WORK.RESOLUTION;
TABLES Billable
Entitlement
Impact
'SR Type'N; RUN;
```

结果如图 6-14 所示。

Billable	Frequency	Percent	Cumulative Frequency	Cumulative Percent
N	107	91.45	107	91.45
Y	10	8.55	117	100.00

图 6-14　查看非数值数据中的缺失值

现在可以看到 Billable y/n（即是否收费）之间案例/观察值的分布情况，如下所示。

Entitlement	Frequency	Percent	Cumulative Frequency	Cumulative Percent
Operations & Alarm Management - BGP - 14	1	1.39	1	1.39
Preventive Maintenance - 1	1	1.39	2	2.78
Preventive Maintenance - 15	2	2.78	4	5.56
Preventive Maintenance - 3	1	1.39	5	6.94
Process History & Analytics - BGP - 7	1	1.39	6	8.33
Process Optimization - BGP	1	1.39	7	9.72
Process Optimization - BGP - 1	1	1.39	8	11.11
Process Optimization - BGP - 15	2	2.78	10	13.89
Process Optimization - BGP - 18	1	1.39	11	15.28
Process Optimization - BGP - 2	1	1.39	12	16.67
Process Optimization - BGP - 7	2	2.78	14	19.44
Requested Services - Fulfilment	14	19.44	28	38.89
Requested Services - Fulfilment - 1	1	1.39	29	40.28
Requested Services - Fulfilment - 2	7	9.72	36	50.00
Requested Services - Fulfilment - 3	4	5.56	40	55.56
Requested Services - Incident Support - 1	6	8.33	46	63.89
Requested Services Hiway Care Full - Fulfilment - 25	3	4.17	49	68.06
Requested Services SESP Basic - Fulfilment – 5	1	1.39	50	69.44
Requested Services SESP Basic - Fulfilment – 8	1	1.39	51	70.83
Requested Services SESP Basic - Incident Support - 5	1	1.39	52	72.22
Requested Services SESP Basic - Problem Management - 52	11	15.28	63	87.50
Requested Services SESP Remote - Fulfilment – 13	8	11.11	71	98.61
Requested Services SESP Remote - Incident Support - 5	1	1.39	72	100.00

Frequency Missing = 45

相应的查看结果如图 6-15 所示。

Impact	Frequency	Percent	Cumulative Frequency	Cumulative Percent
Minor	9	7.69	9	7.69
Moderate	63	53.85	72	61.54
Significant	45	38.46	117	100.00

SR Type	Frequency	Percent	Cumulative Frequency	Cumulative Percent
Incident	80	68.38	80	68.38
Problem	29	24.79	109	93.16
Request	8	6.84	117	100.00

图 6-15　查看频率

📎 注意：

有 45 个观察值缺失 Entitlement（请求类型），所有其他变量均无缺失值。

在分析中不能使用唯一值的变量，因为每个观察值都会不同。

下面看一下服务请求号（SR 号）中的重复项，是否重复了任何观察。如果是，则需要调查为什么会这样。

```
/* 无须检查 SR 号——这是主键 */
/* 可以检查主键中的重复项 */

PROC SORT DATA=WORK.RESOLUTION NODUPKEY OUT=WORK.RESOLUTION1;
BY 'SR number'N; RUN
```

检查 Log（日志）选项卡以获取详细信息。日志输出如图 6-16 所示。

```
NOTE: There were 117 observations read from the data set WORK
NOTE: 0 observations with duplicate key values were deleted.
```

图 6-16　检查日志输出

6.7.8　SAS 练习 1

本节将提供使用 SAS 完成的练习 1。

为以下输出编写 PROC UNIVARIATE 语句。

📎 提示：

首先应该了解 PROC UNIVARIATE 语句是为哪个变量编写的。

1. UNIVARIATE 过程

变量：RESOLUTION_DAYS。

要求实现以下 5 项输出。

Moments

N	117	Sum Weights	117
Mean	52.8751662	Sum Observations	6186.39444
Std Deviation	60.0648679	Variance	3607.78836
Skewness	1.26515175	Kurtosis	0.19770147
Uncorrected SS	745610.084	Corrected SS	418503.45
Coeff Variation	113.597502	Std Error Mean	5.552999

Basic Statistical Measures

Location		Variability	
Mean	52.87517	Std Deviation	60.06487
Median	23.68611	Variance	3608
Mode	.	Range	198.33750
		Interquartile Range	61.99722

Tests for Location: Mu0=0

Test	Statistic		p Value	
Student's t	t	9.521912	$Pr > |t|$	<.0001
Sign	M	58.5	$Pr >= |M|$	<.0001
Signed Rank	S	3451.5	$Pr >= |S|$	<.0001

Quantiles (Definition 5)

Level	Quantile
100% Max	198.41250
99%	191.93264
95%	185.97639
90%	167.46806
75% Q3	70.97014
50% Median	23.68611
25% Q1	8.97292
10%	4.88819
5%	2.17847
1%	0.95000
0% Min	0.07500

Extreme Observations

Lowest		Highest	
Value	Obs	Value	Obs
0.075000	45	186.037	26
0.950000	96	187.228	103
0.979861	30	189.392	3
1.027083	51	191.933	35
1.096528	56	198.413	84

作为数据组织和整理工作的一部分，需要删除所有异常值或极端值。

```
/* 删除大于 191.93 的值 */

DATA WORK.RESOLUTION;
SET WORK.RESOLUTION;
WHERE RESOLUTION_DAYS LE 191.93; RUN;
```

现在数据已准备就绪，可用于 DCOVA&I 过程中的分析阶段，可使用经验法则和切比雪夫定理。

```
/* A：分析；使用经验法则和切比雪夫定理；
需要按 Impact 查看分布*/

PROC SORT DATA=WORK.RESOLUTION;
BY IMPACT; RUN;
PROC MEANS DATA=WORK.RESOLUTION N MEAN MEDIAN STDDEV MIN MAX;
BY IMPACT;
VAR RESOLUTION_DAYS; RUN;
```

2．MEANS 过程 1

使用 Impact = "Minor"，要求输出如下。

分析变量：RESOLUTION_DAYS

Maximum
39.1416667

使用 Impact = "Moderate"，要求输出如下。

分析变量：RESOLUTION_DAYS

Maximum
189.3916667

使用 Impact = "Significant"，要求输出如下。

分析变量：RESOLUTION_DAYS

Maximum
186.0368056

查看子分组中的数据。

```
/* 按 IMPACT 类型创建子集 */

DATA WORK.RESOLUTION_MINOR;
SET WORK.RESOLUTION;
WHERE IMPACT ='Minor'; RUN;

DATA WORK.RESOLUTION_MOD;
SET WORK.RESOLUTION;
WHERE IMPACT ='Moderate'; RUN;
```

查看下一个子分组。

```
DATA WORK.RESOLUTION_SIG;
SET WORK.RESOLUTION;
WHERE IMPACT ='Significant'; RUN;
```

分析最常见的值并删除很少出现的值。

```
/* 保留 RESOUTION_DAYS 小于等于 MEAN+2SD 的值 */

DATA WORK.RESOLUTION_MOD;
SET WORK.RESOLUTION_MOD;
WHERE RESOLUTION_DAYS LE (53.8889572+2*61.6009313); RUN;
DATA WORK.RESOLUTION_SIG;
SET WORK.RESOLUTION_SIG;
WHERE RESOLUTION_DAYS LE (53.1293981+2*55.3275387); RUN;

PROC MEANS DATA=WORK.RESOLUTION_MOD;
VAR RESOLUTION_DAYS; RUN;
PROC MEANS DATA=WORK.RESOLUTION_SIG;
VAR RESOLUTION_DAYS; RUN;
```

比较基本统计信息中的数据集。

```
/* 对 3 个分组执行 PROC MEANS 过程 */

PROC MEANS DATA=WORK.RESOLUTION_SIG;
VAR RESOLUTION_DAYS; RUN;
```

```
PROC MEANS DATA=WORK.RESOLUTION_MOD;
VAR RESOLUTION_DAYS; RUN;

PROC MEANS DATA=WORK.RESOLUTION_MINOR;
VAR RESOLUTION_DAYS; RUN;
```

3．MEANS 过程 2

要求输出如下。

分析变量：RESOLUTION_DAYS
Maximum
131.0465278

4．MEANS 过程 3

要求输出如下。

分析变量：RESOLUTION_DAYS				
N	Mean	Std Dev	Minimum	Maximum
56	42.1649802	49.3103093	0.9500000	167.4680556

5．MEANS 过程 4

要求输出如下。

分析变量：RESOLUTION_DAYS				
N	Mean	Std Dev	Minimum	Maximum
9	13.1111111	12.8386053	0.0750000	39.1416667

见解：

这是 DCOVA&I 过程的最后一步，可以从分析中得出什么结论？

平均解决时间因问题对客户的影响而有很大差异，可以使用切比雪夫定理和经验法则来推出服务等级协议（Service Level Agreement，SLA）。

```
@ 对客户有重大影响的服务请求案例
根据切比雪夫定理
1．至少有 75% 的案例在 0～106 天得到解决。
2．至少有 88.89% 的案例在 0～140 天得到解决。
根据经验法则
1．有 95% 的案例在 0～105.87 天得到解决。
2．有 99.97% 的案例在 0～140 天得到解决。
```

@ 对客户有中等影响的服务请求案例
根据切比雪夫定理
1．至少有 75% 的案例在 0～140 天得到解决。
2．至少有 88.89% 的案例在 0～190 天得到解决。
根据经验法则
1．有 95% 的案例在 0～140 天得到解决。
2．有 99.97% 的案例在 0～190 天得到解决。

6.7.9 SAS 练习 2

定义问题对客户影响较小（Impact = "Minor"）时解决问题的时间范围。

6.8 R 案例研究 4

本节将介绍如何使用 R 工具解决相同的业务问题。和前面的 SAS 案例一样，本案例研究中的 DCOVA&I 过程略有顺序变化，但不影响 DCOVA&I 过程的有效性。

6.8.1 问题陈述

某公司拥有自动服务请求系统。该公司的所有客户都可以拨打帮助热线号码，客户服务主管将服务请求记录到系统中，并且生成一个自动小票（Ticket）ID 或服务请求号（Service Request Number，SR 号）。该小票 ID 与客户共享。成功解决请求后，客户服务主管会给客户一个状态呼叫（Status Call）并关闭系统上的小票。

捕获的其他数据点包括以下方面。

- ❑ Entitlement：请求类型。
- ❑ Impact：该问题对客户业务的影响。
- ❑ Billable：是收费服务还是免费服务。
- ❑ Date Opened：将服务请求放入系统中的时间戳。
- ❑ Closed Date：系统中关闭服务请求的时间戳。

该公司希望知道解决服务请求所需的平均时间。这个平均时间会因影响的不同而有所变化吗？如果公司想要根据不同的影响对客户承诺解决问题的时间（即推出服务等级协议），应该使用哪些数据？

6.8.2　导入数据

首先需要将数据导入 R 工具。

设置数据存储位置。

```
# 设置工作目录
setwd('H://springer book//Case  study//CaseStudy4')
```

将数据导入 R 工具。

```
# 导入数据文件
Resolution<- read.csv("H:/springer book/Case study/CaseStudy4/Resolution
time for Service request.csv", stringsAsFactors=FALSE)
```

6.8.3　查看数据

可以使用 str 选项来查看数据外观。

```
# 检查格式

str(Resolution)
```

输出如下。

```
> str(Resolution)
'data.frame':       117 obs. of 7 variables:
 $ SR.number   : chr "1-7657336422" "1-7658643852" "1-7735438423"
                     "1-7880118403" ...
 $ SR.Type     : chr "Incident" "Incident" "Incident" "Incident" ...
 $ Entitlement : chr "Requested Services SESP Basic-Problem Management - 52"
                     "Requested Services SESP Basic-Problem Management - 52"
                     "Requested Services SESP Basic-Problem Management - 52"
                     "Requested Services SESP Basic-Problem Management- 52"
                     ...
 $ Impact      : chr "Moderate" "Significant" "Moderate" "Moderate" ...
 $ Billable    : chr "N" "N" "N" "N" ...
 $ Date.Opened : chr "9/11/2014 11:14" "9/11/2014 20:02" "10/8/2014
                     8:04" "11/13/2014 13:19" ...
 $ Closed.Date : chr "10/16/2014 17:33" "10/22/2014 15:04" "4/15/2015
                     17:28" "12/19/2014 13:45" ...
```

6.8.4　定义业务问题

我们同样使用 DCOVA&I 过程来解决该项目。

首先定义业务问题并创建 y 变量。

```
# D = 创建 y 变量 = 创建 Resolution Time（解决问题的时间）变量
# 转换日期。将 Date.Opened 和 Closed.Date 转换为日期时间格式
Resolution$Open <- as.Date(Resolution$Date.Opened, "%m/%d/%Y %H:%M")

Resolution$closed <- as.Date(Resolution$Closed.Date, "%m/%d/%Y %H:%M")
```

使用 str 代码了解创建的新变量是否符合要求。

```
str(Resolution$Open)
str(Resolution$closed)
```

其输出如下。

```
> str(Resolution$Open)
 Date[1:117], format: "2014-09-11" "2014-09-11" "2014-10-08" "2014-11-13"
"2014-11-21" ...
> str(Resolution$closed)
 Date[1:117], format: "2014-10-16" "2014-10-22" "2015-04-15" "2014-12-19"
"2014-12-07" ...
```

使用服务请求的结束日期减去开始日期即可获得解决问题的时间。

```
# 派生变量 Y = RESOLUTION TIME

Resolution$resolution.time=(Resolution$closed -Resolution$Open)
View(Resolution)
str(Resolution$resolution.time)
```

输出如下。

```
> str(Resolution$resolution.time)
Class 'difftime'  atomic [1:117] 35 41 189 36 16 16 57 24 10 9 ...
  ..- attr(*, "units")= chr "days"
```

可以看到该变量的格式是字符（chr）数据，所以需要将其转换为数字（numeric）数据。

```
# 将解决问题的时间转换为数值

Resolution$resolution.time= as.numeric(Resolution$resolution.time)
str(Resolution$resolution.time)
```

6.8.5　可视化

现在可以创建箱形图以了解分布和异常值。

```
# 箱形图
boxplot(Resolution$resolution.time, horizontal=TRUE, main =
"RESOLUTION_TIME")
```

结果如图 6-17 所示。

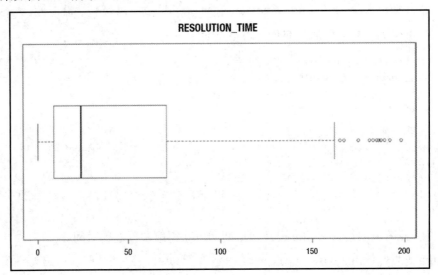

图 6-17　创建解决问题时间的箱形图

✍ 注意：

某些服务请求的关闭时间很长。

由于变量 Resolution.time 是连续变量，因此也可以通过查看密度图以了解其分布。

```
# 密度图
d<- density(Resolution$resolution.time)
plot(d)
```

结果如图 6-18 所示。

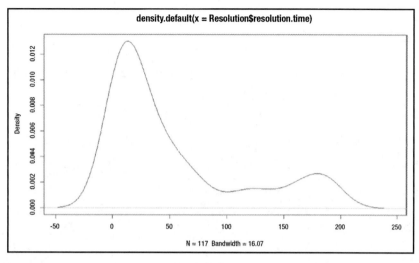

图 6-18 密度图

6.8.6 查看变量的基本统计信息

现在来看一下数据中有关变量的基本统计信息。

注意：

解决问题的大多数时间少于或等于 100 天。某些解决问题的时间值可能少于 0 天，这些是离群值（异常值），应从研究中删除。

```
# 检查解决问题的时间是否有小于 0 的值
attach(Resolution)
Resolution$resolution.time.cat[resolution.time<0]<-0
Resolution$resolution.time.cat[resolution.time>=0]<-1

# 创建表以检查频率
mytable<- table(Resolution$resolution.time.cat)
```

查看创建的表。

```
mytable
```

输出如下。

```
> mytable

1
117
```

6.8.7　组织和整理数据

接下来是 DCOVA&I 处理的以下两个阶段：收集和组织。由于本示例无须将其他任何数据合并在一起，因此在收集阶段不需要做什么。

在组织和整理阶段，可以检查缺失值、离群值、虚变量和派生变量。

```
# C & O - 收集（C）和组织（O）数据
# 检查缺失值

# 查看数据以了解 NA 值和离散变量的其他分组
mytable<- table(Resolution$SR.Type)
mytable
```

输出如下。

```
> mytable

          Incident          Problem     Request for Fulfillment
                80               29                           8
```

检查此变量中的缺失值。

```
> mytable<- table(Resolution$Entitlement)
mytable
```

输出如下。

```
> mytable

                                                            45
            Operations & Alarm Management - BGP - 14
                                                             1
                    Preventive Maintenance - 1
                                                             1
                    Preventive Maintenance - 15
                                                             2
                    Preventive Maintenance - 3
                                                             1
            Process History &  Analytics - BGP - 7
                                                             1
                    Process Optimization - BGP
                                                             1
```

```
                              Process Optimization - BGP - 1
                                                            1
                             Process Optimization - BGP - 15
                                                            2
                             Process Optimization - BGP - 18
                                                            1
                              Process Optimization - BGP - 2
                                                            1
                              Process Optimization - BGP - 7
                                                            2
                             Requested Services - Fulfilment
                                                           14
                         Requested Services - Fulfilment - 1
                                                            1
                         Requested Services - Fulfilment - 2
                                                            7
                         Requested Services - Fulfilment - 3
                                                            4
                     Requested Services - Incident Support - 1
                                                            6
         Requested Services Hiway Care Full - Fulfilment - 25
                                                            3
              Requested Services SESP Basic - Fulfilment - 5
                                                            1
              Requested Services SESP Basic - Fulfilment - 8
                                                            1
        Requested Services SESP Basic - Incident Support - 5
                                                            1
     Requested Services SESP Basic - Problem Management - 52
                                                           11
            Requested Services SESP Remote - Fulfilment - 13
                                                            8
       Requested Services SESP Remote - Incident Support - 5
                                                            1
```

还可以对其他变量进行类似的检查。例如：

```
> mytable<-table(Resolution$Impact)
mytable
```

输出如下。

```
> mytable
```

```
    Minor   Moderate  Significant
        9         63           45
```

检查收费（Billable）变量。

```
> mytable<- table(Resolution$Billable)
mytable
```

输出如下。

```
> mytable

  N   Y
107  10
```

注意：

无须检查主键，主键是服务请求号。不能在任何模型中使用唯一编号。主键仅用于管理数据。

现在我们已经检查完分类变量的缺失值，接下来可以查看连续变量的缺失值。

```
# 第 10 列——RESOLUTION TIME 中连续数据的缺失值

Resolution[!complete.cases(resolution.time),10]
```

输出如下。

```
> Resolution[!complete.cases(resolution.time),10]
numeric(0)
```

接下来处理离群值，即异常值或极端值。

```
# 连续变量——RESOLUTION TIME 的离群值
# 将离群值定义为超出正态分布总体的 0.003%
```

要检测和处理离群值，需要使用名为 outliers 的软件包。

```
install.packages("outliers")
library(outliers)

outs <- scores(Resolution$resolution.time, type="chisq", prob=0.997)
Resolution$resolution.time[outs]
```

输出如下。

```
> Resolution$resolution.time[outs]
numeric(0)
```

🛰 **注意:**

未发现离群值。

6.8.8　执行分析

现在可以进入 DCOVA&I 的下一个阶段:分析阶段。

该分析需要使用名为 **plyr** 的软件包。

```
# A - 分析:按 IMPACT 划分 RESOLUTION TIME,使用平均值的频率表
library('plyr')

table1<-  ddply(Resolution, c("Impact"), summarise,
                N        = length(resolution.time),
                mean     = mean(resolution.time),
                median   = median(resolution.time),
                sd       = sd(resolution.time)
                )
table1
```

输出如下。

```
> table1
        Impact  N      mean median        sd
1        Minor  9 13.11111      8 12.81059
2     Moderate 63 58.28571     24 65.47849
3  Significant 45 53.04444     30 55.27738
```

🛰 **注意:**

可以看到,大多数情况都属于中等影响(即 Impact 值为 Moderate),并且中度影响解决问题的时间非常长。

可以使用 **ggplot2** 软件包创建箱形图。由于该软件包已安装在系统中,因此只需在当前会话中调用库代码将其激活即可。

```
# 创建箱形图以检查 Impact 下的分组细节
library(ggplot2)

bp1 <- ggplot(Resolution, aes(x=Impact, y=resolution.time)) +
  geom_boxplot()
bp1
```

结果如图 6-19 所示。

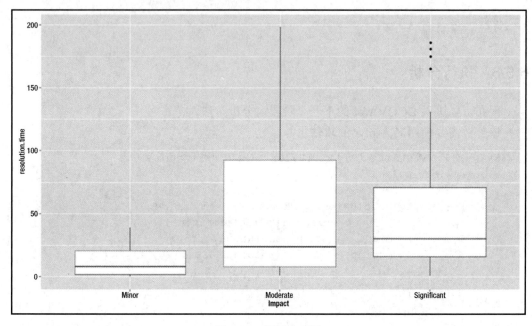

图 6-19　绘制箱形图

假设要进行一些小的修改，例如将菱形放在平均值所在的位置。

```
# 在平均值位置放置一个菱形
bp2<- ggplot(Resolution, aes(x=Impact, y=resolution.time)) + geom_boxplot()+
  stat_summary(fun.y=mean, geom="point", shape=5, size=4)
```

查看图表。

```
bp2
```

结果如图 6-20 所示。

查看数据变量的一些描述性统计信息。

```
# 查找百分比值
quantile(Resolution$resolution.time, c(.25, .50, .75, .90, .99))
```

输出如下。

```
> quantile(Resolution$resolution.time, c(.25, .50, .75, .90, .99))
   25%    50%    75%    90%    99%
  9.00  24.00  71.00 165.80 191.52
```

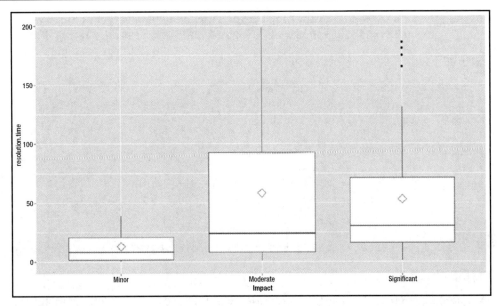

图 6-20　在平均值位置放置一个菱形

对解决问题的时间进行汇总。

```
summary(Resolution$resolution.time)
```

输出如下。

```
> summary(Resolution$resolution.time)
   Min.  1st Qu.  Median    Mean  3rd Qu.    Max.
   0.00     9.00   24.00   52.79    71.00  198.00
```

```
# 按 Impact 变量分组并运行 quantile 查看四分位数
str(Resolution)
```

使用 Impact=="Minor"。

```
data1 <- subset(Resolution,Resolution$Impact=="Minor")
quantile(data1$resolution.time, c(.25, .50, .75, .90, .99))
```

输出如下。

```
> quantile(data1$resolution.time, c(.25, .50, .75, .90, .99))
   25%    50%    75%    90%    99%
  2.00   8.00  21.00  24.60  37.56
```

使用 Impact=="Significant"。

```
Data2 <- subset(Resolution,Resolution$Impact=="Significant")
quantile(data2$resolution.time, c(.25, .50, .75, .90, .99))
```

输出如下。

```
> quantile(data1$resolution.time, c(.25, .50, .75, .90, .99))
   25%   50%   75%    90%    99%
  16.0  30.0  71.0  151.4  186.0
```

删除重要性 >99% 的离群值

```
data2.1 <- subset(data2,data2$resolution.time <186.0)
quantile(data2.1$resolution.time, c(.25, .50, .75, .90, .99))
boxplot(data2.1$resolution.time)

> data2.1 <- subset(data2,data2$resolution.time<186.0)
```

输出如下。

```
> quantile(data2.1$resolution.time, c(.25, .50, .75, .90, .99))
    25%    50%    75%     90%     99%
  16.00  29.00  58.00  119.60  178.48
```

绘制箱形图。

```
> boxplot(data2.1$resolution.time)
```

结果如图 6-21 所示。

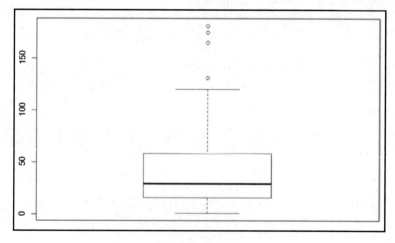

图 6-21　箱形图

使用 Impact=="Moderate"。

```
data1 <- subset(Resolution,Resolution$Impact=="Moderate")
quantile(data1$resolution.time, c(.25, .50, .75, .90, .99))
```

输出如下。

```
> quantile(data1$resolution.time, c(.25, .50, .75, .90, .99))
   25%    50%    75%    90%    99%
  8.00  24.00  92.50 178.20 194.28
```

查看输出后，可以得出一些结论并在数据中进行修改。

移除 Moderate > 99%的离群值，并且重新进行绘图，因为在箱形图中 Moderate 有长尾

在修改之前，可以运行 dim 检查数据的外观。

```
dim(data1)
data1.1 <- subset(data1,data1$resolution.time <=194.28)
quantile(data1.1$resolution.time, c(.25, .50, .75, .90, .99))
boxplot(data1.1$resolution.time)

# 重新处理离群值
data1.2 <- subset(data1.1,data1.1$resolution.time <=190.17)
quantile(data1.2$resolution.time, c(.25, .50, .75, .90, .99))
boxplot(data1.2$resolution.time)

# 重新处理离群值
data1.3 <- subset(data1.2,data1.2$resolution.time <=187.8)
quantile(data1.3$resolution.time, c(.25, .50, .75, .90, .99))
boxplot(data1.3$resolution.time)
dim(data1.3)

# 重新处理离群值
data1.4 <- subset(data1.3,data1.3$resolution.time <=185.82)
quantile(data1.4$resolution.time, c(.25, .50, .75, .90, .99))
boxplot(data1.4$resolution.time)
dim(data1.4)

# 重新处理离群值
data1.5 <- subset(data1.4,data1.4$resolution.time <=185.82)
quantile(data1.5$resolution.time, c(.25, .50, .75, .90, .99))
boxplot(data1.5$resolution.time)
dim(data1.5)
```

输出如下。

```
> data1.5 <- subset(data1.4,data1.4$resolution.time <=185.82)
> quantile(data1.5$resolution.time, c(.25, .50, .75, .90, .99))
  25%   50%   75%    90%     99%
 7.00 19.00 66.00 158.20  183.84
```

现在再查看数据外观。

```
dim(data1.5)
```

输出如下。

```
> dim(data1.5)
[1]  59 11
```

绘制箱形图。

```
boxplot(data1.5$resolution.time)
```

结果如图 6-22 所示。

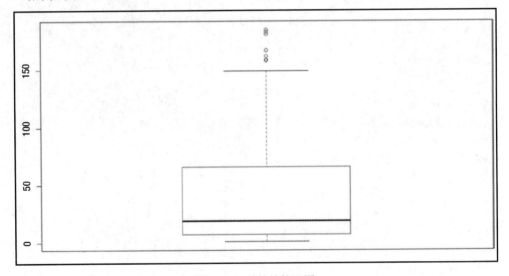

图 6-22　重绘的箱形图

汇总解决问题的时间。

```
summary(data1.5$resolution.time)
```

输出如下。

```
> summary(data1.5$resolution.time)
  Min. 1st Qu.  Median    Mean 3rd Qu.    Max.
  1.00    7.00   19.00   49.25   66.00  185.00
```

检查标准偏差。

```
sd(data1.5$resolution.time)
```

输出如下。

```
> sd(data1.5$resolution.time)
[1] 57.2284
```

见解：

这是 DCOVA&I 过程的最后一步。

平均解决时间因问题对客户的影响而有很大差异，可以使用切比雪夫定理来推出中等影响情况下的服务等级协议（Service Level Agreement，SLA）。

❑　至少有 75%的案例在 0～163 天得到解决。

❑　至少有 88.89%的案例在 0～220 天得到解决。

根据经验法则的推理如下。

❑　有 95%的案例在 0～163 天得到解决。

❑　有 99.97%的案例在 0～220 天得到解决。

6.8.9 R 练习

定义问题对客户影响较小（Impact = "Minor"）和显著（Impact = "Significant"）时解决问题的时间范围。

第 7 章　样本和抽样分布

本章将抽样视为统计决策中的一个概念，详细介绍抽样分布和假设检验。

本章将讨论以下主题：

- ❑　样本
- ❑　抽样分布
- ❑　中心极限定理
- ❑　大数定律
- ❑　零假设和备择假设
- ❑　参数检验
- ❑　非参数检验
- ❑　SAS 案例研究
- ❑　R 案例研究

7.1　了　解　样　本

什么是总体（Population）？由人员、交易、产品等组成并且至少具有一个共同特征的任何组称为总体。

在任何项目开始时，都需要了解该项目的总体。在企业中，很少有仅具有一个特征的总体。一般来说，在数据集中会有很多变量。

什么是样本（Sample）？样本包含一些观察值或总体的子集。样本可以具有与总体数量相同的观察值。总体和样本之间的某些差异仅在于与之相关的计算和术语。

在统计数据中，总体是指与分析人员想要进行推断的人或事件相关的数据集合。由于各种原因，想要检查总体中的每个成员是不太可能的，因此人们考虑通过抽样（Sampling）的方式来检查总体。如果抽取的样本足够随机且足够大，则可以使用从样本中收集的信息来推断总体。

例如，可以对某学校的 100 名学生（随机选择）进行数学测试，根据测试结果，应该能对该学校的数学教学水平做出相当准确的判断。或者，也可以查看某电商网站上的最近 100 笔交易，并相当准确地计算出客户在该网站上的平均消费。

在尝试创建样本时，通常首选使用随机数。为什么要这样？这是因为总体中可能存在无法预料的规律性。因此，随机抽样是较好的选择。

另一种常见的抽样方式称为分层抽样（Stratified Sampling）。有时，当总体中存在不同的分组时，可能需要重新发放样本以反映总体中的比率。例如，如果组织中有 60% 的男性，那么样本应该反映这一点。因此，我们可以首先根据性别将总体分为两个样本，然后按照 60：40 的比例针对男女性别创建一个随机样本。

在统计数据中，精度（Precision）表示可重复。无偏样本是随机样本。注意，随着样本数量的增加，无偏随机样本会变得更加精确。这意味着，如果重复该统计，那么将获得一个非常接近原始统计信息的值。因此，如果使用随机过程来构建样本，则会有越来越多的来自总体的成员包含在样本中，使得样本能更准确地代表总体。

的确，如果从同一总体中抽取两个或多个样本，则随着样本数量的增加，这两个样本彼此相似的可能性很大，尤其是在遵循随机技术的情况下。因此，两个样本之间的差异或变化部分取决于这两个样本的大小以及创建这两个样本的过程。

经常会听到"需要最小样本量为 30 的样本进行统计"这样的说法。注意，这里说的"样本量为 30"仅是经验法则。对于任何一个参数或变量，至少应该查看 30 个观察值。因此，如果要考查某一食品加辣和不加辣的销售情况，至少需要观察 30 个销售点的加辣和不加辣产品的销售情况。此外，如果要了解有关 4 个地区的加辣和不加辣产品的销售信息，那么可能希望获得的样本数是 30×2×4 = 240。因此，考虑到该业务具有多个变量和数十亿个观察值，平均而言，最好使用 1000～1500 个样本大小的数据。

抽样有什么用？在企业中，抽样能够明确要收集多少数据以及应多久收集一次。在进行的检验需要与实验对照的情况下，尤其如此。抽样还可以使调查的成本大大降低，提高数据收集的速度和深度。

出于数据收集目的而进行的抽样，在市场研究中更多地用于了解新的客户群或了解客户对新政策的反应。

如前文所述，概率论可以帮助我们理解各种事件的发生。一般来说，如果使用随机抽样，则可以确保通过查看样本而对总体进行充分的分析。关于样本（总体的一部分），需要理解以下几点。

- 事件的概率是该事件在一系列实验中发生的次数的比例。因此，它是所有事件总发生频率中我们所关注的事件的发生频率。
- 任何事件的概率都在 0 到 1 之间。概率等于 0 意味着该事件不可能发生，而概率等于 1 则意味着该事件必然发生。

❑　我们不关注事件的发生概率等于 1 减去我们所关注事件发生的概率。

❑　随机选择数据（简单随机抽样）时，我们关注事件发生的概率与总体中我们所关注事件发生的概率相同。因此，如果总体中有 10%的人惯用左手，那么该总体中惯用左手的人的概率为 0.1 或 10%，而从该总体中随机选择一个人时，也有 10%的可能惯用左手。

参数与总体相关，统计信息则与样本相关。数据分析师要做的就是，计算与样本相关的描述统计信息，然后推断与总体有关的事物。因此，分析师需要证明样本统计信息与总体参数接近。

数据集中有各种类型的变量。如果存在可以用整数和小数表示的变量，则将这些变量称为连续变量（Continuous Variables）。例如，年龄可以是 18 岁、18.2 岁或 19 岁。因此，年龄是一个连续变量。

有些变量只能用整数表示。例如，汽车可以是 1 辆或 2 辆，但不能是 1.5 辆。这些类型的变量称为离散变量（Discrete Variables）。

变量有以下 4 个度量类型。

❑　定类型（Nominal Scale）：用名称表示，如城市、位置、客户名称等。

❑　定序型（Ordinal Scale）：具有顺序的变量。例如，国内像北京、上海、广州、深圳这样的超大型城市称为"一线城市"，南京、武汉、成都、杭州等省会城市称为"二线城市"，青岛、大连、无锡、佛山等经济强市称为"三线城市"，其他城市则统一归类为"四线城市"。一线城市的人口和经济发展要优于二线城市，二线城市的人口和经济发展要优于三线城市，以此类推。当我们将位置划分为一线城市、二线城市、三线城市和四线城市时，就已经隐含顺序。

❑　定距型（Interval Scale）：也称为定距变量，指通过分段或分组的方式带来的有意义的差异。因此，如果某同学的成绩在班级列前 10 名，那么他就会被纳入班级优等生；如果另外一个同学的成绩列班级后 10 名，那么他将被纳入班级差等生。这些是有意义的间隔，经验丰富的教师可以通过此类排名的变动，有针对性地督促和指导学生的学习。

❑　定比型（Ratio Scale）：将变量表示为 0～1 的比例，也可以用百分比表示。

抽样方法分为以下两种基本类型。

❑　概率抽样（Probability Sampling）：在概率抽样中，总体或抽样框架中的每个成员都有一个已知的被选择概率，并且该概率大于零。

❑ 非概率抽样（Nonprobability Sampling）：在非概率抽样中，以非随机方式从总体抽样框架中选择成员。抽样框架中，总体的某些成员被选择的机会很可能为零。

非概率抽样包括自选样本、方便样本、判断样本和配额样本等方式。顾名思义，这些非概率抽样方式可能都带有很大的偏差，并且最终可能无法正确代表总体。基于非随机抽样的方法最好不要用来进行推断。

概率抽样方法包括以下方式。

❑ 简单随机抽样（Sample Random Sampling）：总体中每个成员被选择的可能性均等。因此，随机抽样是概率抽样的最纯粹形式。

❑ 系统抽样（Systematic Sampling）：是指以有序、系统的方式进行的简单随机抽样，也许在抽样开始之前就已经按一定的顺序对总体进行了排序。一旦计算出所需的样本量，便从抽样框架中选择其记录。这里假设列表或抽样框架不包含任何隐藏的顺序（也就是说，没有排序。当然，由于数据是固有的，所以通常可以按创建日期或交易日期等对数据进行排序）。

❑ 分层抽样（Stratified Sampling）：将总体分为不同的组或阶层以进行抽样。这对于某些统计分析技术（如逻辑回归）特别有用。一般来说，该抽样方式被认为可以减少抽样误差。阶层（Strata）是具有某些共同特征的人口子集，如男性或女性、高净资产等。分层抽样的第一步是确定阶层及其在实际总体中所占的比例，然后使用随机抽样从抽样框架的每个阶层中选择成员。样本中的每个阶层将以与总体中相似的比率呈现。

❑ 聚类抽样（Cluster Sampling，又称为整群抽样）：将总体分为若干个聚类（Clusters），然后随机选择一些聚类。在聚类中，单位是通过简单的随机抽样方法选择的。因此，如果想要研究总体的行为，则可以考虑将总体分成若干个聚类。例如，在对消费群体画像时，可以先将他们划分为婴幼儿消费群体、少年消费群体、青年消费群体、中年消费群体和老年消费群体等。

分析人员很可能无法通过访问整个总体的方式来创建样本。从中选择样本的主题列表称为抽样框架（Sampling Frame）。这可能意味着分析人员只有传感器数据库、员工数据库、客户数据库等。

即使在随机抽样方法中，聚类抽样和分层抽样也经常用于解决同一问题。聚类抽样更容易，成本也更低，尤其是在没有内部数据还需要进行一些数据收集的情况下。当数据已经存在并且想要以特定方式处理子组时，分层抽样更加容易，并且使用更多。

7.2　抽样分布

如果能够从给定的总体/样本框架中提取出 30 个或 30 个以上观察值的所有可能样本，那么后续应该怎样做？对于这些样本中的每一个，都可以计算描述统计信息（均值、中位数、标准差、最小值、最大值）。现在，如果要创建此统计信息的概率分布，则将其称为抽样分布（Sampling Distribution），而将该统计信息的标准偏差称为标准误差（Standard Error）。

假设从海口市 20～30 岁的人口中抽样 100 个人，并计算该组人员的描述统计信息（均值、中位数、众数、最小标准偏差、最大标准偏差）。那么，该样本的结果是否会等于或近似于该市的总人口的结果？它可能略低或略高，但是总体上二者应该是相似的。

如果从海口市的相同人口中又抽取 100 个人的样本，那么与第一次的抽样相比，第二次抽样的描述统计看起来如何？会不会很相似？

我们已经讨论过一个事实，即使用推断统计能够从样本中得出与总体有关的结论。要完成该分析，通常是先进行随机抽样，然后查看样本和样本的描述统计信息，最后得出有关其他样本或整个总体的结论。

因此，要进行推论，就应该了解，从相同总体/样本框架中获取的多个样本如何才能在样本统计信息上获得一致。

人们已经发现，如果从相同的样本框架/总体中抽取无限数量的样本，并绘制出样本统计信息（如样本的均值），则会出现正态分布。因此，大多数均值是围绕样本均值的均值聚类，而且它们将重合或非常接近总体/样本框架的均值。这是因为，根据正态分布的规则，这些值将集中在平均值附近，并且很少有值会远离平均值（远离的意思就是与平均值相比非常低或非常高）。

我们在这里讨论的是平均值。事实上，描述统计数据系列中的任何其他值同样遵循正态分布的结果。

我们抽取了 14 个均值的样本，并为样本框架/总体创建了 Sample_mean_1 直方图，如图 7-1 所示。

可以看到，平均值的出现频率没有太大变化。现在，若以更大的样本量进行此操作，来看看会发生什么，如图 7-2 所示。

变量	观察值	有缺失数据的观察值	无缺失数据的观察值	最小值	最大值	均值	标准偏差
Sample_m	14	0	14	−225.399	500.734	65.689	195.694

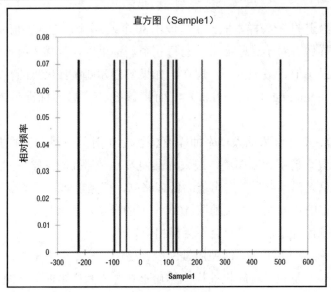

图 7-1　Sample1 直方图

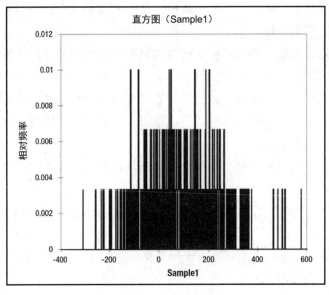

图 7-2　更新后的直方图

可以看到，正态分布正在出现。我们可以按正态分布对此进行绘制，以显示其外观，如图 7-3 所示。

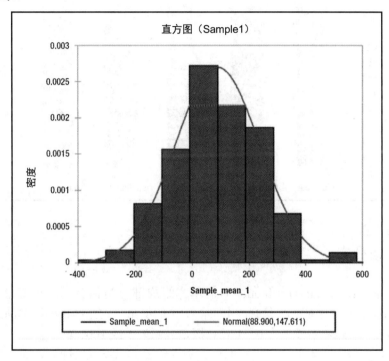

图 7-3 正态分布

随着数据点数量的增加，可以看到该分布变成了正态分布。这很有趣，因为无论抽样框架总体的分布如何，都是这个结果。

直方图中显示的不同形状称为不同分布。下面我们将介绍常见的分布类型。

7.2.1 离散均匀分布

离散均匀分布（Discrete Uniform Distribution）是当每个结果具有相同频率时的分布情况，如图 7-4 所示。

例如，掷骰子时，获得 1～6 点数的概率是一样的，它们的结果具有相同频率，且呈现出离散均匀分布形状。

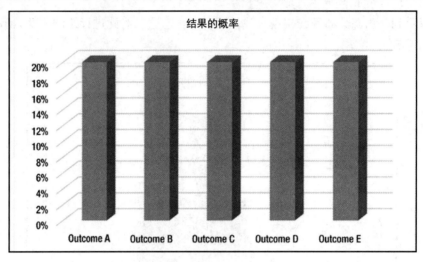

图 7-4　离散均匀分布

7.2.2　二项分布

二项分布（Binomial Distribution）的基本组成部分是伯努利随机变量（Bernoulli Random Variable）。这是一个只有两个可能结果的变量，这些结果的概率满足有效概率分布函数的条件，即每个概率为 0～1 且总概率之和为 1 或 100%。

对在随机变量上产生的结果进行的单次观察被称为试验（Trial），而一系列此类试验的总和同样也将按二项分布方式分布。

例如，在抛掷硬币时出现正面朝上的概率为 50%或 0.5。如果抛掷 100 次，那么获得 0 次正面朝上和 100 次反面朝上的可能性几近于无，获得 50 次正面朝上和 50 次反面朝上的可能性最大，而获得 100 次正面朝上和 0 次反面朝上的可能性同样是几近于无。

在 Excel 中，使用以下公式可以计算出获得 50 次正面朝上和 50 次反面朝上的概率，其结果为 0.079589237。

```
=BINOM.DIST(50,100,0.5,FALSE)
```

将上式中的第一个参数 50 修改为 0 或 100，即可计算出获得 0 次正面朝上或 100 次正面朝上的概率。它们的结果是一样的，都是 7.88861E-31。

现在，我们来看一个场景，其中有 4 种可能的结果，获得结果 1、2 或 3 定义为成功，而获得结果 4 则定义为失败。因此，成功的概率为 75%，失败的概率为 25%。现在，如果再次尝试抛掷 200 次，则会发现发生了类似的分布，但是与较早的 50-50 分布相比，该分布更偏斜或有些偏移，如图 7-5 所示。

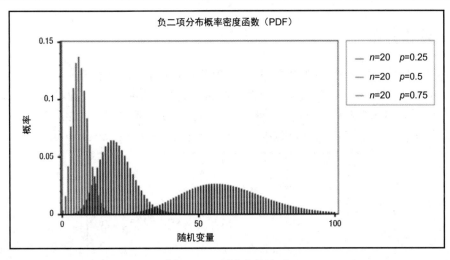

图 7-5　二项分布的演示

7.2.3　连续均匀分布

　　如果你对概率分布没有先入之见，或者如果你相信每个结果都是同等可能的，那么这样的分布是怎样的呢？如图 7-6 所示，当在连续变量上看到相同条件时，出现的分布称为连续均匀分布（Continuous Uniform Distribution），它通常用于模拟中的随机数生成。

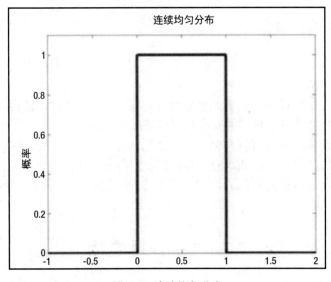

图 7-6　连续均匀分布

7.2.4　泊松分布

现在我们来讨论一些连续发生的事件，例如打进呼叫中心的电话。令发生率为 r 或 lambda。如果数量较少（一整天只有一两个电话），则在某些日子收到 0 个电话的可能性很高。但是，假设呼叫中心的呼叫数量平均每天为 100，那么在一天之内接到 0 次电话的可能性就很小。如图 7-7 所示，这种分布称为泊松分布（Poisson Distribution）。

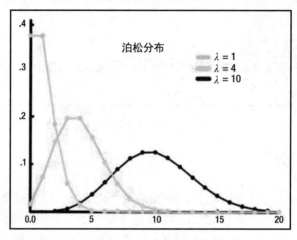

图 7-7　一些泊松分布

7.2.5　概率分布的使用

销售概率分布是一个统计模型，它可以显示特定事件的可能结果或事件结果的概率。它们广泛用于以下情形。

❑　方案分析：可以使用它们来创建业务方案并了解某些结果的可能性。因此，可以找出最坏情况、最可能发生和最好情况的结果。

❑　业务和销售预测：可以预测未来的销售水平并计划未来的事件。因此，公司可以在某些情况下创建基本的业务计划，但仍要注意其他可能的情况。

❑　风险评估：可以进行压力测试，以了解业务根据概率分布承受不同类型风险的能力。

7.3　中心极限定理

中心极限定理（Central Limit Theorem）指出，如果样本足够大，则任何独立随机变量的均值的抽样分布将是正态分布或接近正态分布。问题是，多少算足够大？这可能需要通过以下两个问题得到答案。

❑　希望抽样分布与正态分布有多接近？如果希望它非常接近正态分布，则需要更多的样本。越接近，则需要的样本越多。

❑　基础分布的形状是什么？如果从最初呈正态分布的总体中选取样本，则很可能只需要几个样本点就可以得到样本均值的正态分布。

当然，业界的经验法则是，对于一个变量，如果原始总体接近正态分布且呈钟形，则样本大小为 30 就可算足够大。但是，如果原始总体明显不是正态的（也就是说，具有异常值、多个峰等），则可能需要选择更大的样本量。

总之，中心极限定理指出，从相同总体中抽取的大量样本的分布将接近正态分布，而与总体的分布方式无关。中心极限定理使得统计推断更加容易。

7.4　大　数　定　律

在概率论中，有一个定理叫作大数定律（Law of Large Number）。该定理指出，如果平均值是从多次试验或任何事件的实例中获得的，则该平均值将接近预期值，并且随着计数的增加，平均值甚至会更接近于此预期值。因此，大数定律保证了某些事件的平均值的稳定而长期的结果。

换句话说，在统计中，随着一个变量相似生成值在数量上的增加，样本均值将接近理论均值。伯努利证明了这一点。假设某个概率游戏只有两个结果：胜利或失败。玩家可以玩这个游戏很多次，伯努利发现，随着玩家样本和玩的次数的增加，玩家获胜或失败的可能性会逐渐接近 50%。

如果以掷骰子为例，每个点数的理论概率为 1/6，可以看到，随着掷骰子的次数不断增加（超过 100 次），则每个点数的实际概率将越来越接近 1/6 这个理论值。

因此，大数定律是指样本均值会收敛到总体均值（也就是期望），而中心极限定理则告诉我们，当样本量足够大时，样本均值的分布会慢慢变成正态分布。中心极限定理有助于将任何类型的分布转换为正态分布，以进行推理。分析人员可以根据中心极限定理和大数定律做出明智的推论和结论。

因此，无论总体中存在的是什么分布，都应该按如下方式进行处理。

❑　应该取得更大的样本。

❑　如果绘制了足够多样本的均值，则均值的概率分布将接近于正态分布。

❑　前面提到的所有推理定理（如经验规则）都将适用于这组样本。

7.5　使用统计数据进行业务决策

你可能会问：为什么要使用统计数据进行业务决策？

一个很明显的原因是，处理整个总体在实践上通常不可行（例如，不可能询问每个消费者对于某款产品的意见）。相反，分析人员应该创建一个总体的样本，然后使用该随机样本的统计数据得出一些适用于总体的结论。许多常见的统计程序都要求数据近似或接近正态分布。也就是说，它应该遵循正态分布。

那么，当总体不是正态分布时该怎么办呢？这时中心极限定理会对你有所帮助。中心极限定理认为，如果有足够数量的随机选择的独立样本或足够数量的随机选择的独立观察值，则这些样本的均值将遵循正态分布，即使来自样本的总体不遵循正态分布也是如此。

下一个问题是：如何确定哪个样本是好的样本？换句话说，如何确保它能充分代表总体并可以进行推断？

此外，如果有两个样本，那么如何知道它们是相似的还是不同的？

潜在的问题是，这些样本是否来自相同的总体？

假设检验（Hypothesis Test）是一项统计检验，它可用于回答以下问题：是否有足够的证据推断对样本而言正确的某种条件对整个总体来说同样是正确的？

显然，有以下两个与此有关的假设。

❑　零假设（Null Hypothesis，也称为原假设）：在此表述为两个样本或样本与总体的均值相同。零假设常用 H0 表示。

❑　备择假设（Alternate Hypothesis）：原假设不成立。备择假设常用 H1 表示。

假设检验必须确定是拒绝零假设还是接受零假设并拒绝备择假设。

那么，什么是假设？

假设（Hypothesis）是关于总体参数的一种假想。例如，可以假设中国女性的平均身高为 1.5m。那么，在本示例中，零假设就是：中国女性的平均身高为 1.5m。备择假设则是：中国女性的平均身高不是 1.5m（这意味着可能大于也可能小于 1.5m）。

检验的结果将告诉你是否可以拒绝零假设，或者是否无法拒绝零假设。无法拒绝零假设意味着数据不足。

以下两个检验系列取决于数据类型。

❑　参数数据检验。

❑　非参数数据检验。

参数数据的假设是，所考虑的变量是正态分布或几乎正态分布。因此，如果样本量足够大，则参数检验在偏态分布和正态分布下可以表现良好。

🖱提示：

对于相同变量的不同组，数据的散布（从最小到最大）不一样也要执行非参数检验。

总而言之，对于参数检验来说，假定分布是正态的，而方差则假定是同质的。典型的数据是比率区间标度数据，并且该数据集将由均值来充分代表集中趋势的度量。一般来说，可以通过参数检验得出更多结论。

当没有与分布有关的假设时，可使用非参数检验。当数据是定序或定类数据（例如，客户服务满意度分数数据）时，没有关于方差的同质性的假设，与均值相比，中位数可以更好地理解数据的集中趋势。由于可能的类别对于所考虑的变量是有限的，因此，该类数据通常不受离群值的影响。

非参数检验的功能通常较弱，多用于小数据量和定序或定类数据。因此，最好尽可能多地使用参数检验。通常可以使用 f 检验来检验方差是否相等。有关定序或定类数据的详细解释，可参见第 7.1 节"了解样本"。

f 检验旨在检验总体的方差是否相等。因此，这是可以在选择非参数检验之前完成的检验。它通过比较两个方差来完成此操作，因此，如果比率为 1 或接近 1，则可以假定方差几乎相等。

7.6 参 数 检 验

以下是一些参数检验。

学生 t 检验（Students t-Test）着眼于相同兴趣变量的两组之间的差异，或者它们研究的是相同样本中的两个变量。最多只能考虑两个组。

例如，可以比较五年级（一）班 A 小组和 B 小组的学生的语文成绩，或者可以比较五年级（一）班 A 小组学生的数学和语文成绩。

❑ 单个样本 t 检验（One Sample t-Test）：当零假设假设变量的平均值小于或等于特定值时，该检验就是单个样本 t 检验。

❑ 配对样本 t 检验（Paired Sample t-Test）：当零假设假设变量 1 的平均值等于变量 2 的平均值时，该检验为配对样本 t 检验。

❑ 独立样本 t 检验（Independent Sample t-Test）：比较给定变量在两个独立组之间的平均值差异。零假设是样本 1 中变量的平均值等于样本 2 中相同变量的平均值。

如果要比较五年级（一）班 A 小组和 B 小组的学生的语文成绩，也可以使用方差分析（Analysis Of Variance，ANOVA）检验代替学生 t 检验。

方差分析检验（ANOVA Test）明确一个或多个分类变量的两个或多个组之间差异的重要性。因此，你将能够确定组之间是否存在差异，这里明确的是重要性，但不会告诉你哪个组是不同的。

例如，可以比较五年级（一）班 A 小组、B 小组和 C 小组的学生的语文成绩，或者可以比较五年级（一）班 A 小组学生的数学、语文和英语的成绩。

- ❑ 单向方差分析（One-Way ANOVA）：在此检验中，将基于一个独立变量比较多个组的平均值。有一些假设，如因变量是正态分布的，并且一组独立变量组在因变量上具有相等的方差。
- ❑ 双向方差分析（Two-Way ANOVA）：在此检验中，可以查看多个组和两个因子变量。同样，假设存在方差同质性，并且所有组的总体标准偏差都相似。

7.7　非参数检验

非参数检验用于数据非正态分布的情况。因此，如果使用中位数而不是平均值能够更好地表示数据，则最好使用非参数检验。如果数据样本较小、数据按顺序排序，或者不想删除某些离群值，则也可以使用非参数检验。

卡方检验（Chi-Squared Tests）可以将观察到的频率与预期频率进行比较，并且多用于分类变量。

卡方检验将用于定序型和定类型变量的数据。例如，假设你想了解在过去 20 年中经常运动、偶尔运动或从未运动过的城市男性人口的情况。为此，你跟踪了 20 年中的 3 个响应，并且需要弄清楚人口是否在 20 年中发生变动。这里的零假设意味着情况没有变化或没有差异。

- ❑ 第 1 年统计数据：60%的人定期锻炼，20%的人偶尔锻炼，20%的人没有锻炼。
- ❑ 第 20 年统计数据：68%的人定期锻炼，16%的人偶尔锻炼，16%的人没有锻炼。

这两个年份的检验都对 500 人进行了检验。卡方检验可以将第 20 年观察到的频率与预期发生频率（如果遵循第 1 年的统计趋势）进行比较，从而获得统计样本的实际观测值与理论推断值之间的偏离程度。

实际观测值与理论推断值之间的偏离程度决定了卡方值的大小。卡方值越大，则二者偏差程度越大；反之，二者偏差越小。若两个值完全相等，卡方值为 0，表明理论值完全符合。

7.8　SAS 案例研究 5

某杂志要进行一项调查，并希望发布结果。以下数据代表通过调查收集的各种商店的业务启动成本（以千美元为单位）。要回答的问题之一是，开办以下商店是否同样昂贵？还是开办某些商店更便宜？

7.8.1　问题陈述

以下是变量的说明。

- ❑　X1 = 比萨餐厅的启动成本
- ❑　X2 = 面包店的启动成本
- ❑　X3 = 鞋店的启动成本
- ❑　X4 = 礼品店的启动成本
- ❑　X5 = 宠物店的启动成本

该调查应发表的结论是什么？

让我们从定义开始，这是 DCOVA*I 过程的第一步。

```
/*   D：定义业务
     Y：检查各种商店的业务启动成本的分布是否相似 */
```

7.8.2　导入数据

将数据集放入 SAS 工具中。

```
/* 导入数据 */

DATA WORK.STARTUP;
    LENGTH
        X1      8
        X2      8
        X3      8
        X4      8
        X5      8 ;
    FORMAT
        X1      BEST3.
        X2      BEST3.
```

```
        X3      BEST3.
        X4      BEST3.
        X5      BEST3. ;
    INFORMAT
        X1      BEST3.
        X2      BEST3.
        X3      BEST3.
        X4      BEST3.
        X5      BEST3. ;
    INFILE '/home/subhashini1/my_content/startupcost.csv'
        DLM=','
        MISSOVER
        DSD ;
    INPUT
        X1      : ?? BEST3.
        X2      : ?? BEST3.
        X3      : ?? BEST3.
        X4      : ?? BEST3.
        X5      : ?? BEST3. ;
RUN;
```

7.8.3　查看数据

数据外观如何？让我们来了解一下数据。

```
/* 了解数据 */

PROC CONTENTS DATA = WORK.STARTUP; RUN;

PROC PRINT DATA = WORK.STARTUP(OBS = 10); RUN;
```

可以进行 PROC UNIVARIATE 来了解有关数字变量的更多信息。

```
PROC UNIVARIATE DATA= WORK.STARTUP NORMAL PLOT;
VAR  X1 X2 X3 X4;
HISTOGRAM X2 X3 X4 / NORMAL; RUN;
```

在使用 SAS 工具时，需要对数据进行结构化，以便该工具可以正常工作。

```
/* 构造 t 检验 X1 VS X2 的数据 */

DATA WORK.STARTUP_X1;
SET WORK.STARTUP;
```

```
KEEP X1; RUN;

DATA WORK.STARTUP_X1;
SET WORK.STARTUP_X1;
SEGMENT = 1;
RENAME X1 = VALUE;RUN;

PROC PRINT DATA=WORK.STARTUP_X1 (OBS=10); RUN;

DATA WORK.STARTUP_X2;
SET WORK.STARTUP;
KEEP X2;
 RUN;

DATA WORK.STARTUP_X2;
SET WORK.STARTUP_X2;
SEGMENT = 2;
RENAME X2 = VALUE;
RUN;

PROC PRINT DATA=WORK.STARTUP_X2 (OBS=10); RUN;

DATA TOTAL_X1_X2;
SET WORK.STARTUP_X1 WORK.STARTUP_X2;RUN;
```

对数据进行排序。

```
PROC SORT DATA= TOTAL_X1_X2;
BY SEGMENT; RUN;
```

7.8.4 组织和整理数据

本示例的收集阶段无须执行任何操作，所以现在我们可以开始组织和整理数据。
主要的操作就是处理缺失值。

```
/* 了解缺失值的情况 */

PROC MEANS DATA=TOTAL_X1_X2 N NMISS MEAN STDDEV MEDIAN MIN MAX;
CLASS SEGMENT; RUN;

/* 删除缺失值 */
```

```
DATA FINAL_X1_X2;
SET TOTAL_X1_X2;
WHERE VALUE NE.; RUN;
PROC MEANS DATA=FINAL_X1_X2 N NMISS MEAN STDDEV MEDIAN MIN MAX;
CLASS SEGMENT; RUN;
```

了解一下变量是否呈正态分布。

```
/* 检查是否为正态分布 */

PROC UNIVARIATE DATA=FINAL_X1_X2 NORMAL;
QQPLOT VALUE / NORMAL (mu=est sigma=est color=red l=1);
BY SEGMENT; RUN;
```

输出介绍如下。

❑　单变量过程 1

SEGMENT = 1

结果如图 7-8 所示。

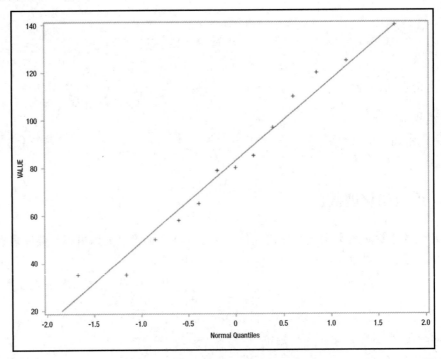

图 7-8　X1 分组的单变量过程输出结果

❑　单变量过程 2

变量：值

SEGMENT = 2

结果如下所示。

Moments

N	22	Sum Weights	22
Mean	92.0909091	Sum Observations	2026
Std Deviation	37.956001	Variance	1440.65801
Skewness	0.47019131	Kurtosis	−0.6371584
Uncorrected SS	216830	Corrected SS	30253.8182
Coeff Variation	41.2157957	Std Error Mean	8.09224659

Basic Statistical Measures

Location		Variability	
Mean	92.09091	Std Deviation	37.95600
Median	87.00000	Variance	1441
Mode	40.00000	Range	120.00000
		Interquartile Range	60.00000

提示：

　　显示的模式是 11 种模式中最小的一种，计数为 2。

Tests for Location:Mu0=0

Test	Statistic		p Value	
Student's t	t	11.38014	Pr > |t|	<.0001
Sign	M	11	Pr >= |M|	<.0001
Signed Rank	S	126.5	Pr >= |S|	<.0001

Tests for Normality

Test	Statistic		p Value	
Shapiro-Wilk	W	0.921498	Pr < W	0.0817
Kolmogorov-Smirnov	D	0.158329	Pr > D	>0.1500
Cramer-von Mises	W-Sq	0.084843	Pr > W-Sq	0.1749
Anderson-Darling	A-Sq	0.572258	Pr > A-Sq	0.1261

Quantiles(Definition 5)

Level	Quantile
100% Max	160
99%	160
95%	160
90%	150
75% Q3	120
50% Median	87
25% Q1	60
10%	45
5%	40
1%	40
0% Min	40

Extreme Observations

Lowest		Highest	
Value	Obs	Value	Obs
40	26	120	27
40	15	150	14
45	31	150	25
45	20	160	18
60	30	160	29

❑　单变量过程 3

SEGMENT = 2

结果如图 7-9 所示。

结论：QQplots 的绘图结果似乎是线性的。正态性检验（Normality Test）的零假设与正态性没有显著偏离。由于 P 值大于 0.05，因此不能拒绝零假设。

🖐提示：

如果样本量大于 2000，则应使用 Kolmgorov 检验。如果样本量小于 2000，则 Shapiro 检验更好。

本节练习的任务是：对数据集中的其他变量执行此操作，然后得出有关其分布的结论。

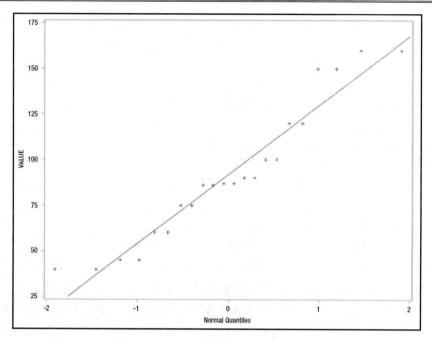

图 7-9　X2 分组的单变量过程输出结果

7.8.5　执行分析

现在开始 DCOVA&I 的分析阶段。

让我们开始运行 t 检验。

```
/* 对两个样本（独立组）运行 t 检验 */

PROC TTEST DATA=FINAL_X1_X2;
CLASS SEGMENT;
VAR VALUE; RUN;
```

输出介绍如下。

❑　TTEST 过程

变量：值

SEGMENT	N	Mean	Std Dev	Std Err	Minimum	Maximum
1	13	83.0000	34.1345	9.4672	35.0000	140.0
2	22	92.0909	37.9560	8.0922	40.0000	160.0
Diff (1-2)		−9.0909	36.6126	12.8080		

Segment	Method	Mean	95% CL	Mean	Std Dev	95% CL	Std Dev
1		83.0000	62.3727	103.6	34.1345	24.4774	56.3471
2		92.0909	75.2622	108.9	37.9560	29.2015	54.2416
Diff (1-2)	Pooled	−9.0909	−35.1490	16.9671	36.6126	29.5308	48.1923
Diff (1-2)	Satterthwaite	−9.0909	−34.6218	16.4400			

Method	Variances	DF	t Value	Pr > |t|
Pooled	Equal	33	−0.71	0.4828
Satterthwaite	Unequal	27.54	−0.73	0.4716

Equality of Variances

Method	Num DF	Den DF	F Value	Pr>F
Folded F	21	12	1.24	0.7210

结论：由于 P 值大于 0.05，因此不能拒绝均值 1 等于均值 2 的零假设。

本节练习的任务是：对数据集中的其他变量执行此操作，然后得出关于零假设检验的结论。

现在来运行方差分析（ANOVA）过程。

```
/* 运行方差分析（在运行模型后，对零假设进行检验）*/

PROC ANOVA DATA=WORK.FINAL_X1_X2;
CLASS SEGMENT;
MODEL VALUE = SEGMENT;
MEANS SEGMENT /HOVTEST=LEVENE;RUN;
```

输出结果如下。

❑　ANOVA 过程 1

Class Level Information

Class	Levels	Values
SEGMENT	2	1 2

Number of Observations Read	35
Number of Observations Used	35

❑　ANOVA 过程 2

因变量：值

Source	DF	Sum of Squares	Mean Square	F Value	Pr > F
Model	1	675.32468	675.32468	0.50	0.4828
Error	33	44235.81818	1340.47934		
Corrected Total	34	44911.14286			

R-Square	Coeff Var	Root MSE	VALUE Mean
0.015037	41.27019	36.61256	88.71429

Source	DF	Anova SS	Mean Square	F Value	Pr > F
SEGMENT	1	675.3246753	675.3246753	0.50	0.4828

❑　ANOVA 过程 3

Levene's Test For Homogeneity Of Value Variance ANOVA Of Squared Deviations From Group Means

Source	DF	Sum of Squares	Mean Square	F Value	Pr > F
SEGMENT	1	733641	733641	0.37	0.5455
Error	33	64871914	1965816		

Welch's ANOVA For Value

Source	DF	F Value	Pr > F
SEGMENT	1.0000	0.53	0.4716
Error	27.5400		

❑　ANOVA 过程 4

Level of SEGMENT	N	VALUE	
		Mean	Std Dev
1	13	83.0000000	34.1345377
2	22	92.0909091	37.9560010

结论：不能拒绝均值 1 等于均值 2 的零假设，置信度为 95%（这是默认值）。

注意：

在使用了 Levene 检验的情况下，可以选中 hovtest 选项检查等方差（Equal Variances）的假设（即方差的同质性）。本示例的 P 值为 0.5455，因此不能拒绝零假设。

Welch 检验用于假设不存在同质性的假设的检验，其 P 值为 0.4716。因此，不能接受这个零假设。

本节练习的任务是：对数据集中的其他变量执行此操作，然后就所有 5 个变量得出关于零假设检验的结论。因此，需要创建一个包含所有变量（X1～X5）的数据集。

7.9　R 案例研究 5

某杂志要进行一项调查，并希望发布结果。以下数据代表通过调查收集的各种商店的业务启动成本（以千美元为单位）。要回答的问题之一是，开办以下商店是否同样昂贵？还是开办某些商店更便宜？

7.9.1　问题陈述

以下是变量的说明。
- ❑　X1 = 比萨餐厅的启动成本
- ❑　X2 = 面包店的启动成本
- ❑　X3 = 鞋店的启动成本
- ❑　X4 = 礼品店的启动成本
- ❑　X5 = 宠物店的启动成本

让我们从定义开始，这是 DCOVA*I 过程的第一步。

```
# D: 定义业务
# Y: 检查各种商店的业务启动成本的分布是否相似
```

7.9.2　导入数据

首先需要将数据导入系统中。

```
# 导入数据
startupcost <- read.csv("H:/springer book/Case study/CaseStudy5/
startupcost.csv", stringsAsFactors=FALSE)
View(startupcost)
```

7.9.3　收集和组织数据

现在来看一下收集数据和组织数据两个阶段。

```
# C 和 O: 此项目不需要收集数据和组织数据操作
```

7.9.4 可视化

现在来看一下第 4 个阶段：可视化。

```
# V: 可视化数据以确定数据需要采用参数检验还是非参数检验。这将影响检验结果
```

使用 str 代码检查变量的类型。

```
str(startupcost)
```

输出如下。

```
> str(startupcost)
'data.frame': 38 obs. of  5 variables:
$ X1: int   80 125 35 58 110 140 97 50 65 79 ...
$ X2: int   150 40 120 75 160 60 45 100 86 87 ...
$ X3: int   48 35 95 45 75 115 42 78 65 125 ...
$ X4: int   100 96 35 99 75 150 45 100 120 50 ...
$ X5: int   25 80 30 35 30 28 20 75 48 20 ...
```

制作数据帧 startupcost 的副本。

```
startup2 <- startupcost

recon1 <- rowSums(!is.na(startup2[-(1:5)]))
```

✎ 注意：

数据帧中没有 NA 值。

本示例的零假设是正态分布且方差相等，需要检验这些零假设。

```
# 检查方差是否相等

> var.test(startup2$X1,startup2$X2)
```

以下是比较两个方差的 f 检验的输出。

```
data: startup2$X1 and startup2$X2
F = 0.8088, num df = 12, denom df = 21, p-value = 0.721
alternative hypothesis: true ratio of variances is not equal to 1
95 percent confidence interval:
 0.306730 2.472794

sample estimates:
```

```
ratio of variances
        0.8087739
```

 注意：

因为 P 值大于 0.05，所以不能拒绝零假设，必须接受方差相等的零假设。

本节练习的任务是：对数据帧中的其他变量执行此操作，然后就方差得出结论。
检查数据变量的正态分布。

```
# 正态分布

d <- density(na.omit(startup2$X1))
plot(d)
```

结果如图 7-10 所示。

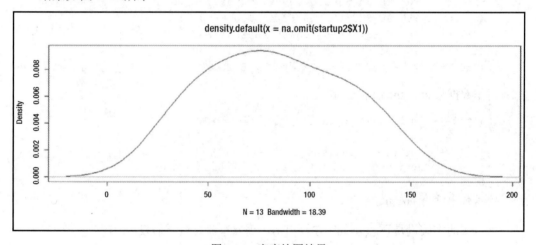

图 7-10　密度绘图结果

可以使用 pastecs 软件包做进一步处理。由于该软件包已经存在，因此只要添加该库
即可。

```
library("pastecs")
```

来看一下与数据有关的基本统计信息。

```
stat.desc(na.omit(startup2$X1))
```

输出如下。

```
> stat.desc(na.omit(startup2$X1))
                        x
```

```
nbr.val          13.0000000
nbr.null          0.0000000
nbr.na            0.0000000
min              35.0000000
max             140.0000000
range           105.0000000
sum            1079.0000000
median           80.0000000
mean             83.0000000
SE.mean           9.4672174
CI.mean.0.95     20.6272947
var            1165.1666667
std.dev          34.1345377
coef.var          0.4112595
```

绘制箱形图。

```
boxplot(startup2$X1)
```

结果如图 7-11 所示。

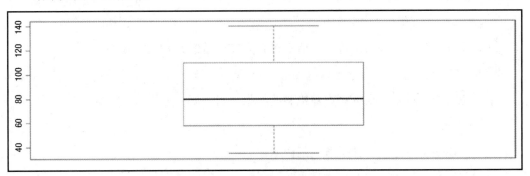

图 7-11　绘制箱形图结果

结论：平均值是中位数，箱形图显示正态分布。

本节练习的任务是：对数据帧中的其他变量执行此操作，然后得出有关分布的结论。

7.9.5　执行分析

现在来看一下 DCOVA&I 过程的第 5 个阶段。

> # A：分析。运行 t 检验、方差分析（ANOVA）和卡方检验

先进行 t 检验。

```
# t 检验-等方差
```

```
# t 检验
t.test(startup2$X1 , startup2$X2 ,var.equal = TRUE)
```

```
> t.test(startup2$X1 , startup2$X2 ,var.equal = TRUE)
```

以下是两个样本 t 检验的输出。

```
data:  startup2$X1 and startup2$X2
t = -0.7098, df = 33, p-value = 0.4828
alternative hypothesis: true difference in means is not equal to 0
95 percent confidence interval:
 -35.14897 16.96715
sample estimates:
mean of x mean of y
 83.00000 92.09091
```

结论：如果 P 值小于或等于 0.05，则可以拒绝零假设。但是在这里，P 值为 0.4828，因此必须接受均值相等的零假设。

```
# t 检验-不等方差
```

这是要使用的默认检验。每当想避免进行方差检验时，均应假设不等方差。

```
t.test(startup2$X1 , startup2$X2 , var.equal = FALSE)
```

本节练习的任务是：根据等方差检验的结果，对不等方差进行 t 检验。

```
# 方差分析
```

现在可以使用方差分析并了解其工作原理。

```
str(startup2)
data1<- aov(X1 ~ X2+X3+X4, data=startup2)

summary(data1)
```

输出如下。

```
> summary(data1)
            Df  Sum Sq  Mean Sq F value  Pr(>F)
X2           1    1572   1571.6   1.196   0.303
X3           1     180    180.5   0.137   0.719
X4           1     405    404.7   0.308   0.592
Residuals    9   11825   1313.9
25 observations deleted due to missingness
```

结论：如果 P 值小于或等于 0.05，则可以拒绝零假设。在这里，必须接受表示变量均值相等的零假设。

- ❑　X1 = 比萨餐厅的启动成本
- ❑　X2 = 面包店的启动成本
- ❑　X3 = 鞋店的启动成本
- ❑　X4 = 礼品店的启动成本

这与方差分析的结果相似。

假设 Residuals 应按正态分布。这是在统计过程中的假设。

```
data1$residuals
```

输出如下。

```
> data1$residuals
        1          2          3          4          5          6
13.281351   31.464608 -36.297836 -28.239742  45.878150  29.793708
        7          8          9         10         11         12
12.354359 -34.993888 -25.068705  -8.550637 -47.857625  21.052730
       13
27.183529
```

执行 Shapiro-Wilk 正态性检验。

```
shapiro.test(data1$residuals)
```

输出如下。

```
> shapiro.test(data1$residuals)
data:  data1$residuals
W = 0.9164, p-value = 0.2242
```

结论：由于 P 值大于 0.05，因此不能拒绝零假设，而必须接受零假设，即数据是正态分布的。

接下来探讨一下所考虑的 4 个样本的方差是否相等。

```
bartlett.test(list(startup2$X1,startup2$X2,startup2$X3,startup2$X4))
> bartlett.test(list(startup2$X1,startup2$X2,startup2$X3,startup2$X4))
```

以下是方差同质性的 Bartlett 检验的输出。

```
data: list(startup2$X1, startup2$X2, startup2$X3, startup2$X4)
Bartlett's K-squared = 0.9174, df = 3, p-value = 0.8212
```

结论：由于 P 值大于 0.05，因此不能拒绝零假设，而是必须接受零假设，因为数据变量具有相等的方差。

🖋提示：

Bartlett 检验可以比较两个或多个样本的方差，以确定样本是否抽取自具有相等方差的总体。该检验适用于正态分布的数据，其零假设为方差相等，而备择假设则是方差不相等。

该检验对于检查方差分析的假设很有用。

本节练习的任务是：对所有 5 个变量进行方差分析（ANOVA）。

现在来看看对于该问题可以得出哪些类型的见解。

```
# 生成见解
summary(startup2)
```

输出如下。

```
> summary(startup2)
      X1                  X2                X3                X4
 Min.   : 35      Min.   : 40.00    Min.   : 35.0     Min.   : 35.0
 1st Qu.: 58      1st Qu.: 63.75    1st Qu.: 45.0     1st Qu.: 50.0
 Median : 80      Median : 87.00    Median : 70.0     Median : 97.5
 Mean   : 83      Mean   : 92.09    Mean   : 72.3     Mean   : 87.0
 3rd Qu.:110      3rd Qu.:115.00    3rd Qu.: 95.0     3rd Qu.:100.0
 Max.   :140      Max.   :160.00    Max.   :125.0     Max.   :150.0
 NA's   : 25      NA's   :16        NA's   :18        NA's   :18
      X5
 Min.   : 20.00
 1st Qu.: 29.50
 Median : 49.00
 Mean   : 51.62
 3rd Qu.: 75.00
 Max.   :110.00
```

本节练习的任务是：使用方差分析时要考虑到所有 5 个变量，并写下你的见解。

以下是卡方检验的代码。

```
# 卡方检验

Install.packages("MASS")
library(MASS)
```

```
chisq.test(startup2$X1,startup2$X2,startup2$X3,startup2$X4)

> chisq.test(startup2$X1,startup2$X2,startup2$X3,startup2$X4)
```

以下是皮尔森卡方检验（Pearson's Chi-Squared Test）输出。

```
data:  startup2$X1 and startup2$X2
X-squared = 117, df = 110, p-value = 0.3061
```

结论：如果 P 值小于或等于 0.05，则可以拒绝零假设。但是在这里，可以看到 P 值为 0.3061，所以必须接受均值相等的零假设。

第8章 分析的置信区间和正确性

本章将研究如何使用置信区间和误差值来得出结论。

本章将讨论以下主题：

❑　如何确定统计结果

❑　*P* 值的意义

❑　假设检验中的错误

❑　SAS 案例研究

❑　R 案例研究

8.1　确定统计结果的方式

在统计领域中，可以查看适用于样本的内容并尝试确定总体。但是我们知道，样本不能是总体 100% 的复制品，至少会有微小的变化，甚至还会有很大的变化。那么，如何确定样本统计信息就一定适用于总体呢？为了回答这个问题，我们需要讨论置信区间（Confidence Internal）和置信水平（Confidence Level）。

任何测量的数据都会存在误差，即使实验条件再精确也无法完全避免随机干扰的影响，所以科学实验往往要测量或实验多次，用取平均值之类的手段得出结果。多次测量就是一个排除偶然因素的好办法，但再好的统计手段也不能把所有的偶然因素全部排除。所以，在科学实验中总是会在测量结果上加一个误差范围，这里的误差范围（区间）在统计概率中就叫作置信区间。

换句话说，置信区间为我们提供了一系列可以预期总体统计信息的值。样本均值所构造的置信区间包含在总体均值中的概率，称为置信水平。

在统计学中，有一个称为误差幅度（Margin of Error，也称为边际误差）的术语，它定义了在总体参数和样本统计之间的最大期望差。它通常是随机抽样误差的指标，表示为样本结果接近于假设可以计算总体统计值时所获得的值的可能性或概率。

当观察到多个样本而不是一个样本时，即可计算误差幅度。如果有 50 个人要面试，但是却发现有 5 个人没有及时赶到，那么可以得出结论，误差幅度为 5÷50，即 10%。因此，可以将绝对误差幅度（Absolute Margin of Error）（在本示例中为 5）转换为相对误差幅度（Relative Margin of Error）（也就是 10%）。

现在，当观察多个包含 50 人的样本时，有机会发现在每个样本中是否都有 5 个人未及时参加面试。假设有 100 个样本，发现 99 个样本中有 5 个人没有按时参加面试，则可以说，误差幅度为 10%，准确率（Accuracy）为 99%。

如果样本是总体的镜像，为什么还会有误差幅度？答案是，没有样本可以作为总体的 100%复制品。但是，它们可能非常接近。因此，可能由于抽样误差或非抽样误差而导致误差幅度。

如前文所述，随着样本数量的增加，样本偏离标记的机会将会减少。样本量中拥有的人员/产品越多，获得与总体统计非常接近的统计数据的可能性就越大。

样本中有哪些类型的误差？

可能的误差包括抽样误差、覆盖误差、测量误差和无响应误差。

- ❑ 抽样误差（Sampling Error）：是指数量上的误差，即仅抽取部分样本所造成的误差。假设总体有 100000000 人，仅抽样 1000 人时，误差可能会较大，抽样 10000 人时，抽样误差会减小。
- ❑ 覆盖误差（Coverage Error）：是指在确定抽样框时的误差。目标总体的特定部分没有进入抽样框，并且未包括的部分和已包括的部分是有差异的，这对于最终结果会有较大的影响。例如，如果通过固定电话进行市场调查，而上班期间在家庭中接听固定电话的多数都是老年人，那么该调查结果就容易产生覆盖误差。
- ❑ 测量误差（Measurement Error）：是在数据收集期间建立的偏差。例如，通过电话调查个人收入时，有些受访者可能会由于虚荣而多报，而调查家庭财富情况时，很多人可能会出于顾虑而少报，因此，此类调查很容易出现测量误差。
- ❑ 无响应误差（Nonresponse Error）：这是由于无法从必须调查的人群中获得某些应答而导致的。例如，在性病或艾滋病行为研究等涉及个人隐私的调查中，有些受访者可能会对调查产生很强的抵触。

由此可见，通常最有可能测量和纠正的就是抽样误差。

表达抽样误差的方式之一就是误差幅度，它是对于总体统计的样本估计精度的度量。因此，它使用概率来检查统计信息的精度，并且通常以 95%的置信区间进行度量。这意味着，如果抽取超过 1000 个样本来测量四川男子的身高，则 950 个样本的平均身高将落入误差幅度所给出的范围内。因此，置信区间就是，在进行 100 次抽样时，可以期望的统计落入误差幅度范围内的次数。所以，置信区间是以百分比衡量的。

以下是到目前为止有关误差范围和置信区间知识的总结。

❏　误差幅度是在进行了样本统计之后，可以预期的总体统计值所在的范围。因此，如果你发现样本中四川男子的平均身高为 1.71m，误差幅度为 0.15m，则可以说四川男子平均身高的总体统计数据为 1.56～1.86m。

❏　置信区间，即在 100 个样本中，期望样本统计信息处于前面所述的范围内（1.56～1.86m）的有多少个。

样本统计量究竟能在多大程度上准确估计总体的值？这个问题是由置信区间来回答的。置信区间提供了可能包含总体统计量的一系列值。

当然，也可以反过来，先选择置信度，例如 95%（这是大多数统计过程的默认值），然后计算样本统计量。

因此，在 95%的置信度下，可以看到 100 个样本中有 95 个样本统计在指定的范围内，该范围是总体统计的±5%。

一般来说，我们可以看到相对于总体平均值的置信极限。由于 100 个样本的平均值不会是完全相同的，并且将遵循正态分布（详见第 7.3 节"中心极限定理"），因此，置信区间估计的就是平均值的上下限。这个上下限越窄，则估计值越精确，样本均值等于总体均值的机会就越大。

此概念可用于推断和根据现有数字得出结论。例如，有这样一个假设：样本 1 的平均值等于样本 2 的平均值（Mean1 = Mean2），并且想以 95%的置信度检查该假设，那么将需要尝试抽取 100 个样本（或 100 的倍数）并进行比较，看看是否能在 95 个（或 95 的倍数）中确保 Mean1 = Mean2。

如果检验统计量（Mean2）超出临界值（Critical Value），则可以拒绝 Mean1 = Mean2 的零假设。临界值定义了 95%的值所在的范围。

如果检验统计量（Mean2）在临界值之内，则无法拒绝零假设。

因此，在 95%的置信度下，可能拒绝或无法拒绝零假设。

z 值（z-score）常用于得出标准正态分布。因此，在 z 分布中（根据经验法则），以下说法是成立的。

❏　68%的值位于-1～+1 z。

❏　95%的值位于-2～+2 z。

❏　99.7%的值位于-3～+3 z。

上面说的是经验法则，如果想知道更精确的值，则置信水平（百分比值）和 z 值之间的关系如表 8-1 所示。

表 8-1　置信水平和 z 值之间的关系

置信水平/%	z 值
80	−1.28～+1.28
90	−1.645～+1.645
95	−1.96～+1.96
98	−2.33～+2.33
99	−2.58～+2.58

因此，如果知道 z 值和标准偏差（Standard Deviation，SD），则可以计算临界值（检验的统计量需要在临界值之内），以便按给定的置信水平接受该统计值。具体计算方式如表 8-2 所示。

表 8-2　通过 z 值和标准偏差计算临界值

置信水平的 z 值		临界值（范围）	
置信水平/%	z 值	临界值（下限）	临界值（上限）
80	−1.28～+1.28	Mean-1.28*SD	Mean+1.28*SD
90	−1.645～+1.645	Mean-1.645*SD	Mean+1.645*SD
95	−1.96～+1.96	Mean-1.96*SD	Mean+1.96*SD
98	−2.33～+2.33	Mean-2.33*SD	Mean+2.33*SD
99	−2.58～+2.58	Mean-2.58*SD	Mean+2.58*SD

现在，如果两个样本的均值在上述置信水平（百分比）下是相等的，那么就可以做出推断。

置信区间定义了存在真值的样本的百分比。这意味着，如果置信水平设置为 99%，则在 100 个样本中有 99 个存在真值。置信极限（Confidence Limits）反映了测量组在相应置信水平的结果。

置信区间的大小取决于样本的大小，并且如果样本大小的标准偏差较大，则会导致更大的置信度。相反，如果样本较小，则置信区间将较宽。如果值的散布较高，则置信区间会更宽。如果总体相同，则 99%置信水平的置信区间将比 95%置信水平的置信区间要宽。

8.2　关于 P 值

如前文所述，假设检验用于确认或拒绝两个样本是否属于同一总体。P 值是确定两个样本是否为相同总体的概率（Probability）。该概率是针对假设的证据度量。

注意以下几点。

❑　零假设始终要求样本 1 的平均值等于样本 2 的平均值（Mean1 = Mean2）。

❑　假设检验的目的是拒绝零假设。

因此，较小的 P 值意味着可以拒绝零假设，因为两个样本具有相似均值的概率（这表示两个样本来自同一总体）大大降低。

P 值越小，证据越有力。如果 P 值小于预定义的限制（0.05 是大多数软件中的默认值），则结果被认为具有统计学上的显著（Significant）意义。

显著性水平（Significance Level）的符号为 α，指由假设检验做出推断结论时发生假阳性错误的概率，常取值为 0.05 或 0.01。

若 $P > \alpha$，则没有理由怀疑零假设（H_0）的真实性，结论为不拒绝零假设，不否定此样本是来自于该总体的结论，即差别无显著意义。

若 $P \leqslant \alpha$，则拒绝零假设，接受备择假设（H_1），也就是这些统计量来自不同的总体，其差别不能仅由抽样误差来解释，结论为差别有显著意义。

例如，如果我们的假设是一种新型药物优于旧药物，那么第一个尝试就是证明这些药物是不相似的（任何相似性都很小，即使出现相似性，很可能是随机的/巧合）。然后，需要拒绝两种药物相同的零假设。一个很小的 P 值表示零假设为真的概率非常小，以至于纯粹是偶然出现的（见图 8-1）。

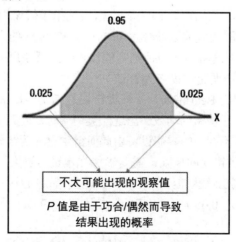

图 8-1　不太可能出现的观察值

该分布是零假设为真的概率的分布。因此，当 P 值（零假设为真的概率）小于 0.05（或为检验设置的任何其他显著性水平值）时，则必须拒绝零假设并得出结论：Mean1 =

Mean2 完全是由于巧合或偶然而出现的。

8.3　假设检验中的错误

任何假设检验都不是 100%确定的。检验是基于概率的，因此，总是有可能得出不正确的结论。这些错误的结论可能有两种类型，如图 8-2 所示。

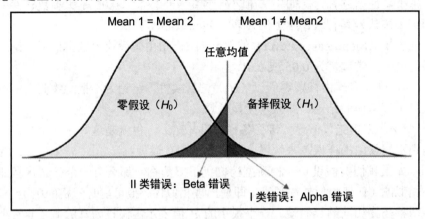

Mean 1 = Mean 2　　Mean 1 ≠ Mean2

任意均值

零假设（H_0）　　备择假设（H_1）

II 类错误：Beta 错误　　I 类错误：Alpha 错误

图 8-2　两种类型的错误

❑ I 类错误（也称为 Alpha 错误）：该类错误是指零假设为 true，但拒绝了零假设。Alpha 就是为检验设置的显著性水平（α）。在 0.05 的显著性水平下，你愿意接受 5%的机会，而这将错误地拒绝零假设。要降低该风险，可以选择较低的显著性水平值。I 类错误通常报告为 P 值。

❑ II 类错误（也称为 Beta 错误）：该类错误是指错误地接受了零假设。发生 II 类错误的概率取决于检验的功效。出现此类错误时，问题可能会比较严重，因为分析人员接受了并不存在的零假设，由此而衍生出的后续分析其实都是不成立的。要降低发生 II 类错误的风险，需要确保样本量足够大，这样，在存在实际差异时，就能够检测出这些差异，从而减少此类错误的发生。

当显著性水平（α）为 0.05 时，相应的置信水平为 95%。所以，显著性水平加上置信水平刚好为 1。

❑ 如果 P 值小于显著性水平（α），则假设检验在统计学上具有显著意义。

❑ 如果置信区间在置信的上限和下限之间不包含零假设值，则该结果在统计学上是有意义的（可以拒绝零假设值）。

❑　如果 P 值小于显著性水平（α），则置信区间将不包含零假设值。
　　➢　置信水平 + Alpha = 1。
　　➢　如果 P 值很小，则必须拒绝零假设。
　　➢　置信区间和 P 值将始终得出相同的结论。

假设检验最有价值的用法是解释在解决问题/执行项目时生成的其他统计数据的鲁棒性。

❑　相关系数（Correlation Coefficient）：如果 P 值小于或等于 0.05，则可以得出结论，该相关实际上等于显示/计算的相关系数值。如果 P 值大于 0.05，则必须得出结论，该相关性是由于偶然/巧合而产生的。

❑　线性回归系数（Linear Regression Coefficients）：如果 P 值小于或等于 0.05，则可以得出结论，该系数实际上等于显示/计算的值。如果 P 值大于 0.05，则必须得出结论，这些系数是由于偶然/巧合而导致的。

8.4　SAS 案例研究 6

美国政府希望了解该国每年的现金净流入和流出。美国的商品和服务贸易是根据国际收支结构（Balance Of Payments，BOP）总结的。国际收支差额是进出口之间的差额，表示是否有来自美国的现金净流出或净流入。此数据是由美国人口普查局的经济指标司提供的。

此案例提供了 1960—2015 年的商品和服务数据。

🖐提示：
　　所有值均以百万美元为单位。

8.4.1　问题陈述

此案例的问题如下。
❑　商品和服务的国际收支是否相关？
❑　该关联性是真实的还是纯属巧合？

8.4.2　导入数据

让我们从 DCOVA&I 流程的定义阶段开始。要了解商品和服务的国际收支之间的关系，需要将数据导入 SAS。

```
/* 导入数据 */
PROC IMPORT DATAFILE='/saswork/SAS_work7F170001C26A_odaws01-prod-sg/
#LN00010'
DBMS=CSV
OUT=WORK.BOP;
GETNAMES=YES; RUN;
```

8.4.3　查看数据

让我们检查一下数据的外观。

```
/* 了解数据的维度 */
PROC CONTENTS DATA=WORK.BOP; RUN;
```

结果如图 8-3 所示。

Alphabetic List of Variables and Attributes					
#	Variable	Type	Len	Format	Informat
3	Goods_BOP	Num	8	BEST7.	BEST7.
6	Goods_Exports	Num	8	BEST7.	BEST7.
9	Goods_Imports	Num	8	BEST7.	BEST7.
4	Services_BOP	Num	8	BEST6.	BEST6.
7	Services_Exports	Num	8	BEST6.	BEST6.
10	Services_Imports	Num	8	BEST6.	BEST6.
5	Total_Exports	Num	8	BEST7.	BEST7.
8	Total_Imports	Num	8	BEST7.	BEST7.
1	Year	Num	8	BEST4.	BEST4.
2	total_BOP	Num	8	BEST7.	BEST7.

图 8-3　了解数据的外观

结论：可以看到，所有变量都是 Num（数字）类型的。

接下来可以探索一下有关数据的基本统计信息。

```
/* 检查描述性统计信息 */

PROC MEANS DATA=WORK.BOP; RUN;
```

结果如图 8-4 所示。

结论：没有 null 值（空值）或 NA 值（缺失值）。

The MEANS Procedure					
Variable	N	Mean	Std Dev	Minimum	Maximum
Year	56	1987.50	16.3095064	1960.00	2015.00
total_BOP	56	-189058.59	239585.65	-761716.00	12404.00
Goods_BOP	56	-239362.64	291675.03	-837289.00	8903.00
Services_BOP	56	50304.00	65629.05	-1384.00	233138.00
Total_Exports	56	687748.64	703404.32	25940.00	2343205.00
Goods_Exports	56	490980.84	489177.70	19650.00	1632639.00
Services_Exports	56	196767.80	214803.49	6290.00	710565.00
Total_Imports	56	876807.23	921079.29	22208.00	2851529.00
Goods_Imports	50	730343.43	709980.37	14537.00	2374101.00
Services_Imports	56	146463.80	151792.07	7671.00	490613.00

图 8-4　使用 MEANS 过程

8.4.4　组织和整理数据

由于不需要添加任何数据，因此本示例的收集阶段无须执行任何操作。

在组织和整理数据阶段，前面已经介绍过没有缺失值。所以，现在我们来检查一下离群值（异常值）。

```
/* 检查异常值 */

PROC UNIVARIATE DATA=WORK.BOP;
VAR Total_Exports Total_Imports total_BOP;
RUN;
```

我们应该定义要将什么样的数据变量视为离群值。

```
/* 离群值极限
Lower limit = Q1 -(1.5*(Q3-Q1))
Upper limit = Q3 + (1.5*(Q3-Q1))*/

DATA WORK.BOP3;
SET WORK.BOP;
WHERE Total_Exports  BETWEEN 2373485  AND -1254379
AND  Total_Imports BETWEEN 3399729.5 AND -1872218.5; RUN;
```

在删除离群值之后，可以运行 CONTENTS 过程以更好地了解新数据集。

```
PROC CONTENTS DATA=WORK.BOP3; RUN;
```

结果如图 8-5 所示。

The CONTENTS Procedure				
Data Set Name	WORK.BOP3	Observations		56
Member Type	DATA	Variables		10
Engine	V9	Indexes		0
Created	05/07/2016 20:53:43	Observation Length		80
Last Modified	05/07/2016 20:53:43	Deleted Observations		0
Protection		Compressed		NO
Data Set Type		Sorted		NO
Label				
Data Representation	SOLARIS_X86_64, LINUX_X86_64, ALPHA_TRU64, LINUX_IA64			
Encoding	utf-8 Unicode (UTF-8)			
Engine/Host Dependent Information				
t Page Size	131072			

图 8-5　查看删除离群值之后的数据集

8.4.5　执行分析

现在让我们进入 DCOVA&I 的分析阶段。

我们需要运行商品和服务的国际收支数据之间的相关性分析。

```
/* A: 相关性分析 */

PROC CORR DATA=WORK.BOP3;
VAR Total_Exports Total_Imports; run;
```

结果如图 8-6 所示。

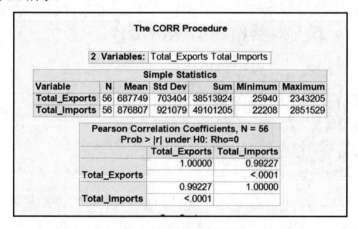

图 8-6　相关性分析结果

结论：相关系数约为 0.99，P 值小于或等于 0.05。因此，我们可以得出结论，该相关性是真实的，应该接受。

本节练习的任务是：运行以下相关性分析。

❑　Goods_Exports vs. Services_Exports

❑　Goods_Imports vs. Services_Imports

你的结论是什么？

8.5　R 案例研究 6

美国政府希望了解该国每年的现金净流入和流出。美国的商品和服务贸易是根据国际收支结构（BOP）总结的。国际收支差额是进出口之间的差额，表示是否有来自美国的现金净流出或净流入。此数据是由美国人口普查局的经济指标司提供的。

此案例提供了 1960—2015 年的商品和服务数据。

📎提示：

所有值均以百万美元为单位。

8.5.1　问题陈述

此案例的问题如下。

❑　商品和服务的国际收支是否相关？

❑　该关联性是真实的还是纯属巧合？

8.5.2　导入数据

让我们从 DCOVA&I 流程的定义阶段开始。要了解商品和服务的国际收支之间的关系，需要将数据导入 R。

可以通过将数据导入 R 工具来启动代码部分。

```
# 导入数据

BOP <- read.csv("F:/springer book/Case study/CaseStudy6/BOP.csv",
stringsAsFactors=FALSE)
```

8.5.3　查看数据

现在可以使用 str 代码来查看变量的格式。

```
# 检查格式
str(BOP)
```

结论：所有数据变量都是整数。

接下来可以检查一些有关数据的基本统计信息，以了解数据的外观。

```
# 检查描述统计
```

在这里可以使用 pastecs 软件包，该软件包具有良好的描述性统计数据输出。

```
install.packages("pastecs")

library(pastecs)

stat.desc(BOP)
```

结论：没有空值或缺失值。

让我们看一下箱形图中的数据。也可以检查离群值。

```
# 绘制箱形图

boxplot(BOP)
```

结果如图 8-7 所示。

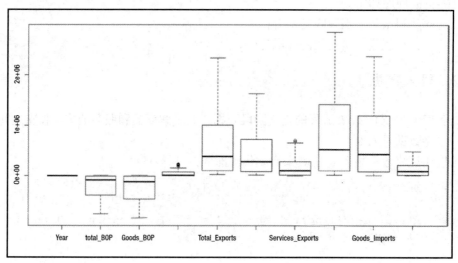

图 8-7　箱形图结果

结论：大多数变量中都有离群值（异常值）。

8.5.4 组织和整理数据

我们需要删除 total_BOP、Goods_BOP 和 Services_BOP 的离群值。

可以使用 boxplot.stats 函数删除异常值,这是一个辅助功能,可以为绘制箱形图生成统计信息。除其他信息外,它还会返回一个矢量状态,其中包含 5 个元素:下边缘的极值、下四分位数、中位数、上四分位数和上边缘的极值。

超出上下边缘极值的都是离群值。也就是说,离群值是区间 id1$stats [1] < and id1$stats [5]之外的所有值。

查看矢量状态中的所有元素。

```
id1 <- boxplot.stats(BOP$total_BOP)

id2 <- boxplot.stats(BOP$total_BOP, coef=2)

id1$stats
```

输出如下。

```
> id1$stats
[1] -761716.0 -378145.5  -87002.5  -2797.5 12404.0
```

查看矢量状态中的第 1 个元素(下边缘的极值)。

```
id1$stats[1]
```

输出如下。

```
> id1$stats[1]
[1] -761716
```

查看矢量状态中的第 5 个元素(上边缘的极值)。

```
id1$stats[5]
```

输出如下。

```
> id1$stats[5]
[1] 12404
```

结论:BOP$total_BOP 的离群值小于-761716 且大于 12404。

再来看一下 BOP$total_BOP。

```
summary(BOP$total_BOP)
```

输出如下。

```
> summary(BOP$total_BOP)
   Min. 1st Qu. Median    Mean 3rd Qu.  Max.
-761700 -375300 -87000 -189100  -3545 12400
```

结论：total_BOP 没有离群值。

按同样的方式处理 BOP$Goods_BOP。

```
id1 <- boxplot.stats(BOP$Goods_BOP)
id2 <- boxplot.stats(BOP$Goods_BOP, coef=2)
id1$stats
id1$stats[1]
id1$stats[5]
summary(BOP$Goods_BOP)
```

结论：存在小于-837289 下限的值，它们应该被删除。

按同样的方式处理 BOP$Services _BOP。

```
id1 <- boxplot.stats(BOP$Services_BOP)
id2 <- boxplot.stats(BOP$Services_BOP, coef=2)
id1$stats
id1$stats[1]
id1$stats[5]
summary(BOP$Services_BOP)
```

结论：存在大于 154020 的值，它们应该被删除。

```
# 使用子集删除两个变量的离群值
NEWBOP<- subset(BOP, Goods_BOP>-837289)
NEWBOP<-subset(NEWBOP, Services_BOP<154020)
dim(NEWBOP)
```

使用 dim 检查新子集的数据。

```
dim(NEWBOP)
```

输出如下。

```
> dim(NEWBOP)
[1] 49 10
```

8.5.5　执行分析

现在来看一下 DCOVA&I 过程中的分析阶段。

```
# A - 分析商品和服务的国际收支之间的关系

cor(NEWBOP$Goods_BOP, NEWBOP$Services_BOP)
cor.test(NEWBOP$Goods_BOP, NEWBOP$Services_BOP)$p.value
```

输出如下。

```
> cor(NEWBOP$Goods_BOP, NEWBOP$Services_BOP)
[1] -0.7944912
> cor.test(NEWBOP$Goods_BOP, NEWBOP$Services_BOP)$p.value
[1] 9.497043e-12
```

结论：相关系数约为-0.79，P 值小于或等于 0.05。因此，我们可以得出结论，该相关性是真实的，应该接受。

提示：

还可以使用 Hmisc 软件包中的相关性函数。

Hmisc 软件包的使用方式如下。

```
# install.packages("Hmisc")
# library(Hmisc)
# rcorr(NEWBOP, type="pearson")
```

本节练习的任务是：运行以下相关性分析。

❑　Goods_Exports vs. Services_Exports

❑　Goods_Imports vs. Services_Imports

你的结论是什么？

第 9 章　结论和见解

本章将介绍如何得出分析项目的结论，以及如何解释 SAS 和 R 生成的结果。

本章将讨论以下主题：

❑　见解的生成
❑　描述统计
❑　图表
❑　推断统计
❑　差异统计
❑　SAS 案例研究
❑　R 案例研究

9.1　关 于 见 解

企业经营遇到困难怎么办？或者换句话说，当企业管理人员发现令人不满意的经营现状时，会怎么做？他们可能会将其作为问题或项目呈现给分析团队。分析团队必须解开经营谜团，进行事实调查以找出局面令人不满意的原因，寻找线索并提出摆脱困境的见解。

企业的经营谜团有很多。例如，谁是最赚钱的客户？应该避免哪些类型的客户？哪个供应商对于本企业来说是最适合的？客户通常会向企业提出哪些类型的问题和要求？如何确保满足客户的需求以保持客户对本企业的忠诚度？哪位员工最适合特定类型的工作？最容易降低的成本是什么？

一位出色的分析人员应该知道，在项目进入最后一步之前，几乎没有 100%确定的情况。因此，调查人员通常会使用在结论中显示为更有可能的逻辑。他们必须探索多种过程和可能性。这与科学研究的方法非常相似，在科学研究的方法中，通常是根据数据提供的证据检验某种假设，得出结论，然后采取特定的路径，如果问题没有解决，则必须从另一个假设重新开始。

因此，分析资源解决特定问题的方式就是逻辑思维以及数学技术，但这也是有时解决方案无法解决问题的原因，因为由数据分析提供的解决方案的发生概率有可能低于阈值限制或容错限制。例如，在 20% 的情形下，你可能不会遇到错误判断的问题。但是，在 5% 的情形下，就很可能会做出错误的判断。

即使对于两个具有相同问题陈述的案例，数据分析的结果也将有所不同，这确实是一个比较麻烦的情况。因此，分析资源需要执行以下操作流程。

- 类比（Analogies）：分析师可以研究类似的问题并讨论解决方案，以获得可能适用于当前问题的假设列表。
- 过程（DCOVA&I）：这将使得分析师不会丢失任何内容，包括数据的关键方面或解决问题的关键部分。

类比可以帮助分析师确定其他项目与当前项目之间的相似点和不同点。因此，它们大大减少了分析师试图找出可能的解决方案所花费的时间。

使用统计信息，可以通过多种方式计算特定事物，并且可以使用不同的统计方法解决特定问题。如前文所述，统计可以分为以下 5 种类型。

- 描述统计（或描述性统计）。
- 推断统计（或推论统计）。
- 差异统计。
- 关联统计。
- 预测统计。

对于数据分析师（数据科学家）而言，弄清楚哪种统计方法最合适，这本身就是一个挑战。DCOVA&I 过程为数据分析师（数据科学家）提供了一种更好地探索和理解数据（DCOV）的方式，从而可以确定最佳的统计技术来解决分析阶段（A）中的问题。

见解生成（I）阶段确保以简单的语言理解数学输出，以便企业可以创建战略，而技术团队则可以在其系统中实施该战略。

由于分析项目非常类似于谜团/犯罪调查，因此必须理解每个阶段的结果，以便进行项目的下一步。以下是本书讨论过的各种统计过程的常见推论。

9.1.1　描述统计

以下是有关描述统计信息的一些注意事项。

- 由于平均值几乎等于中位数，范围几乎等于标准偏差（Standard Deviation，SD），因此可以得出结论，数据似乎呈正态分布，没有离群值。这可以通过变量（或多个变量）的直方图或密度图进行验证。
- 由于数据是分类的，并且分类的数量在意义上是独立的，因此，该模式是跟踪最受欢迎的分类的最佳方法（类别示例包括客户满意度等级、产品变体等）。

- ❑ 由于数据的中位数小于平均值，并且数据呈正态分布，因此，数据会偏向更小的值，例如范围的最小值。

- ❑ 由于中位数高于平均值，并且数据呈正态分布，因此，数据偏向较高的值，例如范围的最大值。

- ❑ 由于同一数据集的样本标准偏差大于总体标准偏差，因此，该样本似乎是进行测试/项目的好样本（这是因为样本标准偏差的公式必须考虑到实际总体中的差异比样本中所测得的差异更大的可能性）。

9.1.2　图表

以下是图表中的一些有用推论。

- ❑ 饼图：
  - ➢ 导致问题的最大因素是变量 1 的分组 X，其次是分组 Y。
  - ➢ 问题的最不重要的因素是变量 1 的分组 Z。
- ❑ 条状图：
  - ➢ 在不同分组中，变量 1 贡献者的数量相当恒定。
  - ➢ 变量 1 的贡献值在整个时间段内保持相当稳定。
  - ➢ 变量 1 随时间呈上升趋势。
- ❑ 折线图：
  - ➢ 变量 1 的线显示随时间增加的趋势。
  - ➢ 变量 1 和变量 2 的线向相似方向移动，并随时间显示正相关。
- ❑ 散点图：
  - ➢ 变量 1 在散点图中出现了 n 个不同的聚类（簇）。
  - ➢ 变量 1 和变量 2 显示正相关。
  - ➢ 变量 1 显示了确定的趋势和正态分布（其中，散点图的中间更密集，并且末端逐渐减小）。因此，可以运行线性回归模型。

9.1.3　推断统计

以下是有关推断统计的一些注意事项。

- ❑ 正态分布：
  - ➢ 由于变量 1 是正态分布的，因此根据经验法则，变量 1 的 95%值位于平均值 1 和 ±2 SD 之间。

> ➤ 按照切比雪夫定理，变量 1 不是正态分布的，因此，变量 1 至少有 75%位于平均值 1 和 ±2 SD 之间。

- ❑ 概率：
  - ➤ 在执行动作 1 之后执行动作 2 的概率为 x%。
  - ➤ 事件 1 和事件 2 一起发生的概率为 x%。
- ❑ 采样：
  该样本是一个很好的代表性样本，因为在 95%的置信度下，样本和总体的平均值相同。

9.1.4　差异统计

以下是有关差异统计的一些注意事项。

- ❑ 假设检验：
  - ➤ 两个样本相似，可以说属于相同的总体。测试的 P 值小于 0.05。
  - ➤ 这组样本中至少有一个样本不同。因为 P 值大于 0.05，所以任何相似之处都是巧合。
- ❑ 置信区间：
  - ➤ 显示的相关值为 $0.0x$，是有效值。统计信息的 P 值小于 0.05。
  - ➤ 在 95%的置信度下，可以说假设统计是正确的。因此，该模型是一个很好的模型。
  - ➤ 样本的描述性统计将以 95%的置信度适用于总体。因此，平均值、中位数、标准偏差的可能值范围在 x、y、z 之间。

接下来我们将通过具体的案例研究来了解这些过程。

9.2　SAS 案例研究 7

某零售公司有一个名为 Sales 的跟踪销售情况的应用程序。在名为 Sales_returns 的文件中记录了一些退货（Return）数据。另外，该公司还设有销售经理职位负责处理 Sales_manager 文件中的不同区域。

该公司希望了解以下内容。

- ❑ 计入退货后的净销售额是多少？
- ❑ 退货构成总销售额的百分之几？

❑　退货是否与商品的价值（成本）相关联？

9.2.1　问题陈述

让我们看一下 DCOVA&I 过程的定义阶段。在本项目中，业务问题说明中明确提到了定义，无须做进一步的数学理解。

❑　计入退货后的净销售额是多少？
❑　退货构成总销售额的百分之几？
❑　退货是否与商品的价值（成本）相关联？

9.2.2　导入数据

将数据导入 SAS 工具。

```
PROC IMPORT DATAFILE='/home/subhashini1/my_content/Sales.csv'
    DBMS=CSV
    OUT=WORK.SALES;
RUN;
```

9.2.3　查看数据

现在可以查看数据以进一步对其进行了解。

```
/* 探索数据 */
```

```
PROC CONTENTS DATA=WORK.SALES; RUN;
```

9.2.4　组织和整理数据

现在进入收集、组织和整理数据的阶段。
我们可以将数据汇总在一起，以获得退货和销售数据。
至于组织和整理阶段，则没有什么工作要做。

```
/* C&O：汇总数据以获得退货和销售数据 */
```

```
PROC IMPORT DATAFILE='/home/subhashini1/my_content/Sales_returns.csv'
    DBMS=CSV
    OUT=WORK.RETURNS;
```

```
RUN;

PROC CONTENTS DATA=WORK.RETURNS; RUN;
```

合并之前，必须始终按主键对数据集进行排序。

```
/* 按主键对数据集进行排序 */

PROC SORT DATA=WORK.SALES;
BY "Order ID"N; RUN;
PROC SORT DATA=WORK.RETURNS;
BY "Order ID"N; RUN;

DATA WORK.TOTAL;
MERGE WORK.SALES WORK.RETURNS;
BY "Order ID"N; RUN;
PROC PRINT DATA=WORK.TOTAL (OBS=10); RUN;
```

9.2.5　可视化

现在来执行一些初步可视化的操作。

```
/* V：运行频率表（FREQ）过程以了解退货和非退货数据 */

PROC FREQ DATA=WORK.TOTAL;
TABLES STATUS; RUN;
```

结果如图 9-1 所示。

	The FREQ Procedure			
Status	Frequency	Percent	Cumulative Frequency	Cumulative Percent
Returned	872	100.00	872	100.00
Frequency Missing = 7527				

图 9-1　频率表过程

划分已退货（RETURNED）和未退货（NOTRETURNED）状态。

```
DATA WORK.TOTAL;
SET WORK.TOTAL;
IF STATUS = 'Returned' THEN STATUS2= 'RETURNED';
```

```
ELSE STATUS2 = 'NOTRETURNED'; RUN;

PROC FREQ DATA=WORK.TOTAL;
TABLES STATUS2; RUN;
```

结果如图 9-2 所示。

The FREQ Procedure				
STATUS2	Frequency	Percent	Cumulative Frequency	Cumulative Percent
NOTRETURNED	7527	89.62	7527	89.62
RETURNED	872	10.38	8399	100.00

图 9-2　划分状态之后的结果

现在可以通过菜单操作创建饼图。

选择 Tasks（任务）| Graph（图形）| Pie Chart（饼图）命令，如图 9-3 所示。

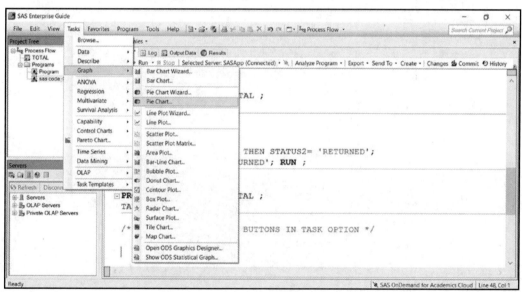

图 9-3　创建饼图

选择要创建饼图的数据，如图 9-4 所示。

选择饼图布局（Layout），如图 9-5 所示。

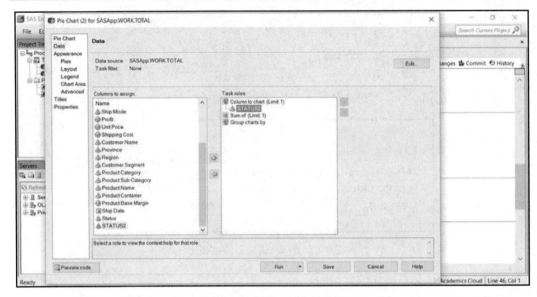

图 9-4　选择要可视化的数据

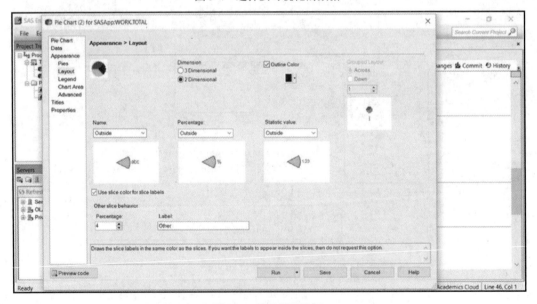

图 9-5　选择饼图布局

生成的饼图如图 9-6 所示。

可以看到，在总销售中退货的数量占 10.38%。

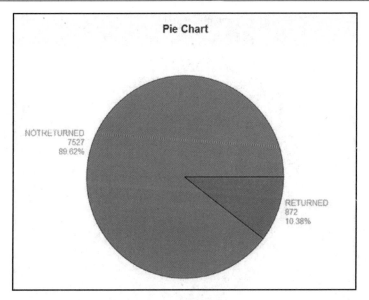

图 9-6　饼图结果

如果不想使用菜单操作，则可以通过编写代码来获得输出，如下所示：

```
/* 替代方法：使用代码创建饼图 */

/* 设置图形环境 */
goptions reset=all cback=white border htitle=12pt htext=10pt;

title1 "RETURNS IN SALES";

proc gchart data=work.total;
    pie Status2/other=0
            midpoints="RETURNED" "NOTRETURNED"
            value=none
            percent=arrow
            slice=arrow
            noheading
            plabel=(font='Albany AMT/bold' h=1.3 color=depk);
run;
quit;
```

结果如图 9-7 所示。

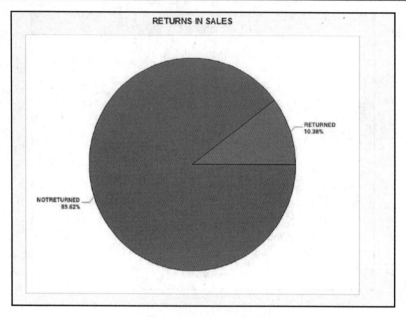

图 9-7　使用代码创建的饼图

现在按销售值创建饼图。

```
/* 查看销售值 */

/* 设置图形环境 */
goptions reset=all cback=white border htitle=12pt htext=10pt;

title1 "RETURNS IN SALES";

proc gchart data=work.total;
    pie Status2/SUMVAR=SALES
            midpoints="RETURNED" "NOTRETURNED"
            value=none
            percent=arrow
            slice=arrow
            noheading
            plabel=(font='Albany AMT/bold' h=1.3 color=depk);
run;
quit;
```

结果如图 9-8 所示。

可以看到，退货的价值占总销售值的 11.09%。

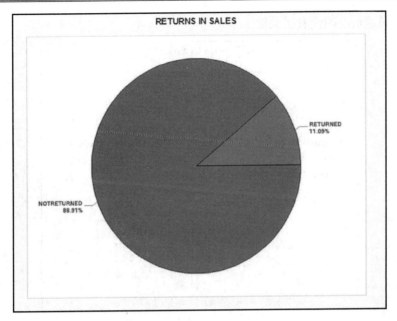

图 9-8　销售值中退货的占比

9.2.6　执行分析

现在进入分析阶段。检查退货和销售的相关性。

```
/* A：相关分析 */

DATA WORK.TOTAL;
SET WORK.TOTAL;
IF STATUS2 = 'RETURNED' THEN STATUS3 = 1;
ELSE STATUS2 = 0; RUN;

PROC CORR DATA=WORK.TOTAL;
VAR SALES STATUS3; RUN;
```

结果如图 9-9 所示。

以下是见解。

❑　从数量上看，商品总数的 10% 已退货。

❑　从价值上看，有 11% 的商品已退货。

由此可见，较高的商品销售价值与退货之间的相关性非常低（0.011）。由于相关性的 P 值较高（0.22），因此无法得出此相关性值并非偶然的结论。所以，所有证据都表明商品价值和退货之间没有相关性。

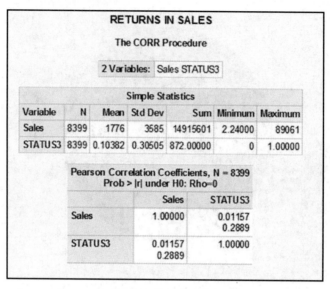

图 9-9　相关性分析

9.3　R 案例研究 7

某零售公司有一个名为 Sales 的跟踪销售情况的应用程序。在名为 Sales_returns 的文件中记录了一些退货（Return）数据。另外，该公司还设有销售经理职位负责处理 Sales_manager 文件中的不同区域。

该公司希望了解以下内容。

❑　计入退货后的净销售额是多少？

❑　退货构成总销售额的百分之几？

❑　退货是否与商品的价值（成本）相关联？

9.3.1　问题陈述

让我们看一下 DCOVA&I 过程的定义阶段。在本项目中，业务问题说明中明确提到了定义，无须做进一步的数学理解。

❑　计入退货后的净销售额是多少？

❑　退货构成总销售额的百分之几？

❑　退货是否与商品的价值（成本）相关联？

9.3.2　导入数据

将数据导入 R 工具。

```
# 导入数据
Sales <- read.csv("F:/springer book/Case study/CaseStudy7/Sales.csv",
stringsAsFactors=FALSE)
```

9.3.3　查看数据

可以使用 str 或 dim 查看数据变量及其外观。

```
str(Sales)
```

输出如下。

```
> str(Sales)
'data.frame':        8399 obs. of  21 variables:
 $ Row.ID        : int 1 49 50 80 85 86 97 98 103 107 ...
 $ Order.ID      : int 3 293 293 483 515 515 613 613 643 678 ...
 $ Order.Date    : chr "10/13/2010" "10/1/2012" "10/1/2012" "7/10/2011" ...
 $ Order.Priority: chr "Low" "High" "High" "High" ...
 $ Order.Quantity: int 6 49 27 30 19 21 12 22 21 44 ...
```

使用 dim 查看数据维度。

```
dim(Sales)
```

输出如下。

```
> dim(Sales)
[1] 8399    21
```

9.3.4　组织和整理数据

现在进入收集和整理阶段。
在收集阶段，需要将退货数据与经理姓名合并。
在组织阶段则不需要任何操作。

```
# C & O 阶段
# 合并退货数据和经理姓名
```

```
# 导入两个数据集

Manager <- read.csv("F:/springer book/Case study/CaseStudy7/
Sales_manager.csv", stringsAsFactors=FALSE)
str(Manager)

Returns <- read.csv("F:/springer book/Case study/CaseStudy7/
Sales_returns.csv", stringsAsFactors=FALSE)
str(Returns)
```

在合并数据之前，可以先对数据进行排序，这是一种很好的做法。

```
# 排序数据
attach(Returns)
Returns1 <- Returns[order(Order.ID),]

attach(Sales)
Sales1 <- Sales[order(Order.ID),]
```

合并后创建一个名为 total 的新数据集。

```
total <- merge(Sales1,Returns1,by="Order.ID",all = TRUE)

dim(total)
```

输出如下。

```
> dim(total)
[1] 8399 22
```

9.3.5　可视化

让我们进行一些初步的可视化，以更好地了解数据。

```
# 可视化 - Sales vs Returns (Status = Returned / NA)
total[["Status"]][is.na(total[["Status"]])] <- "NotReturned"
```

可以使用 MASS 软件包来创建交叉表和图形。

```
# 退货频率
library(MASS)

mytable<- xtabs(~Status, data = total)

mytable
```

在创建频率表 mytable 后，可以查看其饼图形式的输出。

```
pie(mytable)

slices<- c(7527, 872)
lbls<- c("NotReturned", "Returned")
pct <- round(slices/sum(slices)*100)
lbls <- paste(lbls, pct)
lbls <- paste(lbls,"%",sep="")
pie(slices,labels = lbls, col=rainbow(length(lbls)),
    main="Returned vs Not Returned- freq")
```

结果如图 9-10 所示。

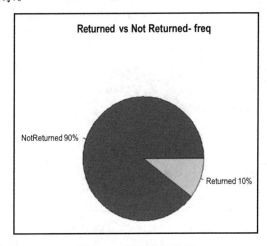

图 9-10　饼图输出结果

再对退货的价值进行一次可视化。

```
# 通过交叉表可视化退货的价值

total$Salesnum <- total$Sales
mytable2 <- aggregate(Salesnum ~ Status, total, sum)
mytable2
```

输出如下。

```
> mytable2
       Status Salesnum
1 NotReturned 13260747
2    Returned  1654854
```

创建退货价值的图形。

```
slices<- c(13260747, 1654854)
lbls<- c("NotReturned", "Returned")
pct <- round(slices/sum(slices)*100)
lbls <- paste(lbls, pct)
lbls <- paste(lbls,"%",sep="")
pie(slices,labels = lbls, col=rainbow(length(lbls)),
    main="Returned vs Not Returned- value")
```

结果如图 9-11 所示。

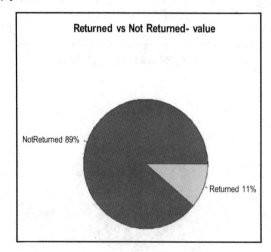

图 9-11　退货价值的可视化结果

9.3.6　执行分析

现在进入分析阶段。我们需要了解数据中的相关性。

将数据类型转换为数字数据。

```
# 将 Status（状态）转换为数字值

total$statusnum[total$Status=="Returned"] <- 1

total$statusnum[total$Status=="NotReturned"] <- 0

cor(total$Salesnum,total$statusnum )
```

运行关联过程。

```
> cor(total$Salesnum,total$statusnum )
[1] 0.01157299
cor.test(total$Salesnum,total$statusnum )$p.value

> cor.test(total$Salesnum,total$statusnum )$p.value
[1] 0.2889189
```

现在可以生成见解或结论。

```
# 见解
从数量上看，商品总数的 10% 已退货。
从价值上看，有 11% 的商品已退货。
```

由此可见，较高的商品销售价值与退货之间的相关性非常低（0.011）。由于相关性的 P 值较高（0.22），因此无法得出此相关性值并非偶然的结论。所以，所有证据都表明商品价值和退货之间没有相关性。